Henri Tollin

Kritische Bemerkungen über Harvey und seine Vorgänger

Henri Tollin

Kritische Bemerkungen über Harvey und seine Vorgänger

ISBN/EAN: 9783743641563

Hergestellt in Europa, USA, Kanada, Australien, Japan

Cover: Foto ©ninafisch / pixelio.de

Weitere Bücher finden Sie auf **www.hansebooks.com**

Kritische Bemerkungen über Harvey und seine Vorgänger.

Von

Lic. theol. **Henri Tollin,**

Prediger in Magdeburg.

Propria experientia nitendum est,
non aliena.   Harvey, Opp. 172.

Vortrefflich und für alle Völker nachahmenswerth ist die englische Sitte der Harvey-Feier. Man wartet nicht auf ein Jubiläum. Das Harvey-Andenken bleibt lebendig und frisch. Man begnügt sich nicht, dem Publikum der Fach-Männer alljährlich die inzwischen gemachten neuen Entdeckungen über Harvey, sein Leben und seine Schriften vorzuführen. Man vertieft sich auch in die Schriften der Vorgänger Harvey's, und lernt so seine epochemachende Bedeutung in der Geschichte der Medicin immer besser abgrenzen, würdigen, klären. Man beschränkt sich nicht darauf, über den grossen Britten Engländer zu hören. Man lernt auch aus den Schriften der Amerikaner, Franzosen, Spanier, Italiener. Nur von den Deutschen hat man bisher verschmäht, über Harvey lernen zu wollen. Doch getrost! Die Engländer überstürzen sich nicht. Sie sind in ihrem Denken und Thun langsam und bedächtig. Aber sie bemühen sich, auch wo sie einen Nationalhelden verehren, Gerechtigkeit zu üben. Und wie eine im Januar 1876 erschienene Schrift eines Italieners über die Entdeckung des Blutkreislaufs erst am 24. Juni 1882 in einer Harveian Oration beleuchtet wird, so darf man sich nicht wundern, dass eine im August 1880 in Virchow's Archiv erschienene deutsche Schrift über Harvey noch nicht zur Kenntniss der englischen Fachgelehrten gekommen ist. Zeigt doch die neueste Harvey-Rede, dass selbst im stolzen Albion Harvey's Weise nicht mehr für stichhaltig gilt, diejenigen, welche nicht Harvey vergöttern, als Anschwärzer und

Verleumder, einfach todt zu schweigen. Und, wenn noblesse oblige, so ist es jedenfalls nobler, durch wissenschaftliche Widerlegung die Gegner zu entwaffnen, als ihnen schweigend den Rücken zuzuwenden.

Vorweg muss ich gestehen, dass ich aus jeder der mir zugänglichen Schriften über Harvey und seine Vorgänger gern gelernt habe. Die Huxley, Sieveking, Gascoïn, Gamgee, Bridges, Richardson, Jenkins, Willis, Johnson, Da Costa sind mir durch Studium lieb geworden. Aber auch Richet, Chéreau, Turner, Dardier, Geoffroy, Paquelin, Ercolani, Scalzi, Maggiorani, delVita, Ceradini, Bizzozero, Kirchner, Baas, Haeser, Rohlfs hielt ich mich für verpflichtet, zu Rath zu ziehen. Vor allem studirte ich Harvey, Cesalpin, Colombo, Servet in ihren eignen Schriften. Hinwiederum betrachtete ich jene grossen Geisteshelden nicht als ein losgerissenes Fragment aus der Geschichte der Medicin, sondern als lebendige Produkte und Faktoren der Kultur ihres Jahrhunderts.

So kam ich zu neuen Ergebnissen, welche der hergebrachten Ueberlieferung widersprechen, aber doch einer sachlichen Prüfung an den Quellen sich empfehlen möchten.

I. Die heutigen Harvey-Schriftsteller kennen meist nur den englischen Harvey in der Ausgabe von Sydenham. Erheben sie sich bis zum lateinischen Original der Quartausgabe von 1766, so arbeiten sie doch nur nach dem lateinischen Register und der lateinischen Vita.

1. Der Harvey des Registers und der Vita ist durchaus Mann der eigenen Erfahrung. Von Büchern hält er nichts. Aus Büchern hat er nichts gelernt und aus Büchern will er auch nichts lehren. Auch über den Blutkreislauf citirt er Niemand. Alles verdankt er den eigenen menschlichen Sektionen und thierischen Vivisektionen. Daher es eine Narrheit sei, solch' einen Mann in seinen Entdeckungen von Sarpi, Cesalpin, Ruini, Colombo, Valverde, Servet u. dgl. abhängig zu machen.

Schon in meinem Artikel des Virchow'schen Archiv's 1880, August, habe ich aus den Quellen, d. h. aus Harvey's lateinischen Originalschriften selbst belegt und bewiesen, dass der wirkliche Harvey sich auf seine Hochachtung vor den Männern der Vorzeit und vor dem ganzen Alterthum beruft, sich für verpflichtet hält, soweit es irgend die Wahrheit duldet, sich an ihre Dogmen zu halten und auch seine Leser auf diejenigen hinweist, durch deren vorangetragene Wahrheitsfackel wir erst im Stande sind, in die Geheimnisse des Wissens einzudringen (p. 451, Opp. ed. 1766). Daher citirt er viele Bücher, aus denen er gelernt hat und aus denen seine Leser nun lernen sollen.

Nach dem Register der Prachtausgabe citirt Harvey in all seinen Werken den Fabricius de Aquapendente zwei Mal und vier Mal den Aristoteles. Der wirkliche Harvey citirt schon in der einzigen Schrift de generatione animalium den Fabricius, den er sich als Wegweiser erwählt habe, 124 Mal; den Aristoteles, als den höchsten Gesetzgeber der Philosophie und allerfleissigsten Naturforscher, 253 Mal mit Namen; dazu eilf Mal den Plinius und vierzehn Mal den Aldrovandus und sechszehn Mal den Galen und neunzehn Mal den Hippocrates, um der vielen Andern hier zu geschweigen. — In den Schriften an Riolan citirt Harvey u. a. 2 Mal den Hippocrates, 4 den Fernel, 5 den Vesal, 7 den Aristoteles, 15 Mal den Galen. — In der kleinen Schrift de motu cordis et sanguinis citirt er schon in der Vorrede den Galen, den Realdus Columbus, den Hieronymus ab Aquapendente, den Haller, den Riolan, den Andreas Laurentius; in der Meisterschrift selbst aber citirt er den divinus Vesalius, den Jacob Sylvius, den Botal, den Caspar Bauhin, Fracastori, Andreas Laurentius, auch den Hippocrates und den Avicenna, zwei Mal den „höchst erfahrenen und berühmten greisen Anatomen" Hieronymus Fabricius ab Aquapendente und den nicht minder berühmten Pariser Riolan d. jüngeren, drei Mal den Erasistratus, zwölf Mal „den göttlichen Mann, den überaus geistvollen und gelehrten" Galen, den Aristoteles aber einundzwanzig Mal.

Neben dieser Thatsache nimmt sich das: „Harvey citirt keinen Menschen" des Flourens und der englischen Oratoren recht seltsam aus. Hat aber Harvey, wie er selbst sagt, aus Hippocrates und Galen, aus Plinius, Plato und Aristoteles, aus Averroes und Avicenna, aus Jacob Sylvius, Vesal und Fernel, aus du Val, Antonius Ulmus und Columella, aus Sennert, Aemilius Parisanus und Riolan, aus Volcher Coiterus und Aldrovandus, aus Matteo Realdo Colombo und Fabricius ab Aquapendente gelernt, wollen wir ihm nicht glauben, wenn er sagt, die Blutfüllung der Arterien habe er aus Galen, den Blutweg durch die Lungen aus Colombo gelernt? Wäre Harvey nur darum der Entdecker des Blutkreislaufs, weil er allein sich nicht auf Autoritäten stützt, sondern nur auf eigene Experimente, nur auf Sektionen und Vivisektionen: dann wäre Harvey der erste Entdecker nicht, denn er gerade beruft sich auf Bücher.

2. Der Harvey des Registers, der lateinischen Vita und der Jubilanten ist der Besieger der spukenden Geister. Er weiss nur vom Stoff, vom Blute selbst. Etwas anderes, vom Himmel Gegebenes, das erst zum Blute hinzukömmt, bleibt ihm fremd.

Der geschichtliche Harvey redet von den Geistern, die zum Blut erst hinzukommen, in seinen handschriftlich vorhandenen Vorlesungen; von einer geringeren Geistesmischung des Venenbluts und einer reicheren Geistesmischung des Arterienbluts in der Vorrede zu de motu cordis; von dem Geist des thierischen Samens, von der Geisterfülle des Herzblutes, von der Geistererzeugung durch Bewegung in seiner Meisterschrift. Ja sogar in der Schrift an Riolan, in der er doch zuerst gegen den Unfug Front macht, alles, was man nicht versteht, durch Geister erklären zu wollen, als wären sie ein deus ex machina, in dieser Schrift betont Harvey der Geister Unabtrennbarkeit vom lebendigen Blute: ohne Geist sei das Blut kein Blut mehr, sondern eine kraftlose, todte, verdorbene Masse. Und noch in seiner letzten Schrift, im Jahre 1651, wo er von der Erzeugung der Thiere handelt, sagt er, dass nur der Thiersame zeugungskräftig ist, der geistig ist und sternenhaft (analoga elemento stellarum); dass die Geister die unmittelbaren Werkzeuge der Seele sind, doch nicht losgerissen vom Blut, sondern mit ihm so vereint, dass man sagen kann: die Seele wohnt im Blut, die Seele ist Blut, und hinwiederum das Blut ist Geist, sofern es lebendig ist und dem sternigen Element entspricht (respondens elemento stellarum). An und für sich betrachtet, ohne den Geist, habe das Blut nur geringe und obscure Kräfte (paucas admodum et obscuras virtutes possidet).

Wäre Harvey nur dann der Entdecker des Blutkreislaufs, wenn er die Geister beseitigt hat, dann ist Harvey eben nicht der Entdecker des Blutkreislaufs, denn Harvey glaubt an die Geister, gerade wie Servet, Colombo, Cesalpin und Sarpi.

3. Der Harvey des Registers, der anonymen Vita und der

Festredner ist von Charakter edel, ja fast unfehlbar, so dass er schon desshalb den kleinen und den grossen Blutkreislauf zuerst und allein entdeckt haben muss, weil er ja selbst sagt, er allein und er zuerst, habe ihn entdeckt.

Seine Zeitgenossen dachten anders. Sie wussten, dass Harvey in Padua studirt hatte; wussten aus der Andeutung Harvey's, dass er allerlei zum Blutkreislauf aus Galen und Colombo, aus Fabricius de Aquapendente und dem weltberühmten Fra Paolo Sarpi, dem venetianischen Vivisektoren, gelernt hatte. Darum nannten sie ihn einen Plagiator und gingen dann erst davon ab und zum Theil zu ungemessenem Lobe über, als er durch ganz enorme Schenkungen sich um London und die englische Medicin verdient gemacht hatte.

4. Der Harvey der landläufigen Ueberlieferung ist nur darum bisweilen bitter, weil er seit Herausgabe seiner Meisterschrift über die Herzbewegung Schmach und Verfolgung erduldet, den grössten Theil seiner Praxis verloren habe u. dgl. m.

Im wirklichen Leben Harvey's verhält es sich gerade umgekehrt. Bis 1628 völlig obscur, sieht er seit Herausgabe seiner Meisterschrift das Glück ihm lächeln. Er wird Leibarzt des Königs Jacob I. und Carl I., Freund des Adels, reich an Geld, Vorsteher der medicinischen Collegien von Oxford und London, sechs Jahre vor seinem Tode mit einer Statue beehrt, und, ruhmessatt — seine Entdeckung, schreibt er 1651, habe aller Welt gefallen, — ging er achtzigjährig zu seinen Vätern.

5. Der Harvey des Registers, der Vita und der Jubilanten läuft rastlos umher, um seine fast unzähligen Sektionen und Vivisektionen durch Krankenheilen, Wundenverbinden, geschickte Amputationen für die Menschheit praktisch zu nutzen.

Die Geschichte zeigt uns den wirklichen Harvey in der Schlacht von Edgeworth, ein Buch in der Hand hinter dem Zaun sitzend, bis eine neben ihm einschlagende Kanonenkugel dem Bücherwurm den aufgewirbelten Sand in's Gesicht spritzt; zeigt ihn uns auf den Jagdpartieen des Königs zahllose tragende Hirschkühe zergliedern; zeigt uns ihn podagristisch bei seinem Bruder, einem reichen Grossisten, im dunklen, feuchten Keller, ausharrend neben dem Fasse Wein.

6. Der Harvey des Registers, der Vita und der Festredner

ist bescheiden, grossmüthig, edelsinnig, durch den Ruhm Anderer erfreut, kurz ein rechter gentleman.

Der wirkliche Harvey ist neidisch, kleinlich, unfähig fremdes Verdienst anzuerkennen, ja fast dazu geboren, die Lehren der Andern herabzusetzen, zu verkleinern und zu zerstören (ne totus ad destruenda solum aliorum dogmata compositus videar etc. p. 599). Gegen Riolan gebehrdet er sich stolz und höhnisch, gegen seinen Lehrer Aquapendente wortklaubernd und streitsüchtig, gegen den grossen Descartes schulmeisterlich, gegen Aselli und Pecquet blind, gegen Caspar Hoffmann sophistisch, gegen d'Argent prahlerisch und unwahr. In seinen Streitschriften wider den Riolan zeigt er sich unfähig, die Verdienste seiner Vorgänger auf dem Gebiet des Blutkreislaufs zu würdigen. In seiner Schrift von der Erzeugung der Thiere ist er nicht gerechter gegen seine Vorgänger in den Endeckungen der Embryologie. In seinen uns erhaltenen Briefen verschliesst er sich auch gegen die Entdeckungen des Chylilaufs.

6. Uebrigens, an Widersprüchen reich, gesteht er indirekt an einer Stelle de motu cordis zu (p. 9), dass doch einige, während fast alle irrten, vor ihm über die Blutwege das Rechte gelehrt hätten[1]). Habe er sich doch selber davon überzeugt, indem er das durchforschte, was früher von Andern über den Kreislauf niedergeschrieben worden sei (quae prius ab aliis mandata sunt literis). Und das Richtige habe er dann nachträglich durch eigene Sektionen (dissectione anatomica) erprobt gefunden (p. 19). Auch gesteht er in de motu cordis zu, dass es schon, ehe das Buch noch gedruckt war, einige geben möchte (forsan sunt aliqui), welche, durch Galen's Ansehen oder durch des Columbus oder Anderer Gründe bewogen, schon vor 1628 (antea) eben der Ansicht huldigten, die ich jetzt die meine nenne" (p. 47). Und noch im Jahre 1651, im Brief an Marquart Schlegel in Hamburg, gesteht er, dass man lange vor ihm einen Blutkreislauf (circulatio) gekannt, vermöge dessen fortwährend Blut aus den Venen in die Arterien und aus den Arterien zurückfliesst. Nur dass der von ihm entdeckte Blutkreislauf deutlicher, geordneter, völlig der Wirklichkeit entsprechend (distincta valde, ordinata et verissima), und auf festen und nothwendigen Grundlagen aufgeführt sei (p. 616).

---

1) Die Stelle s. bei Virchow l. c.

7. Unter diesen einigen, welche, nach Harvey's eigenem Geständniss, im Blutkreislauf ihm die Wege gebahnt haben, nennt Harvey den Galen und den Realdo Colombo. Warum nicht den Cesalpin und den Michael Servet? Die Harvey-Festredner sagen, weil Harvey sie nicht kannte, oder doch, weil er sie nicht gelesen hat.

Die Geschichte antwortet: weil, wenn er sie wirklich und oft gelesen hatte, er sie nicht nennen, bei Todesstrafe nicht nennen durfte. Servet war ein vermaledeiter Ketzer, insbesondere erklärter Gegner der Lehre von der heiligen Dreieinigkeit und als solcher verbrannt (1553) worden, Cesalpin aber war ein Freidenker, ein Freund des Trismegistus und Vorläufer Spinoza's. Anders Matteo Realdo Colombo. Klerikal gesonnen, Freund der Cardinäle und Schmeichler des inquisitorischen Pabstes Paul IV., war sein Andenken wohlgelitten am englischen Hofe. Die Geschichte zeigt uns William Harvey an einem gefährlichen Hofe als Freund, Leibarzt und Schützling des Gemahls einer katholischen Fürstin, welcher, ein Feind der Puritaner und aller Freidenker, Verächter des Volks und systematischer Anhänger eines strammen bischöflichen Regiments, den englischen Protestantismus mit Füssen trat, renitente Parlamentsmitglieder in den Kerker warf, das Strafverfahren gegen Wiedertäufer und alle Arten kirchlicher Freidenker auf's äusserste verschärfte und dem Blutbad, das die Katholiken Irlands unter den Protestanten anrichteten, (1641), offen seinen Beifall zulächelte [1]). Ein Leibarzt, der unter einem so tyrannischen Fürsten — 1649 musste er das Schaffot besteigen — es gewagt hätte, sich zu Cesalpin oder gar zu Michael Servet zu bekennen, er würde gerade so sicher von Carl I. hingerichtet worden sein, wie Harvey's Zeitgenosse, der sächsische Kanzler Nicolaus Crell nach zehnjähriger Festungshaft zu Dresden hingerichtet wurde, nur weil er es wagte, weder Lutherisch noch Calvinisch heissen zu wollen (23. Okt. 1591).

Man durfte zu Harvey's Zeit nicht lesen, viel weniger citiren, wen man wollte.

Die Harvey-Oratoren rühmen so viel von dem protestantischen England und schreiben dem freien Wesen des protestan-

---

1) S. Herzog's Real-Encyklop. XII, p. 375 ff.; Hase, Kirchen-Gesch. 1877, S. 444.

tischen Forschergeistes Harvey's grosse „Entdeckungen" zu. Sie vergessen, dass Harvey am 3. Juni 1658 [1] starb und dass noch am Bartholomäustage 1662 der Sohn des hingerichteten ersten Karl, König Karl II. von England, durch seine Uniformitätsakte zwei Tausend Geistliche zwang, ihre Stelle niederzulegen, weil sie nicht in jedem Punkt auf den Glauben des katholisirenden Königs sich verpflichten wollten. Selbst Gebetsvereine in den Dachstuben, damals galten sie als Verbrechen. Kein Verjagter durfte je wieder seinem Dorf oder irgend einer Stadt näher als fünf englische Meilen kommen. Zwölf Jahre nach Harveys Tode, im Jahre 1670, wurde die Conventikelakte verschärft.

Noch zwanzig Jahre nach Harvey's Tode hätte niemand wagen dürfen, sich in England zu Männern, wie Cesalpin und Servet zu bekennen. Ja bis 1828 hat Carl II. Uniformitätsakte geherrscht, welche alle Nonconformisten vom Parlament und Staatsdienst ausschloss, also auch vom Amt eines königlichen Leibarztes, an dem doch Harvey so viel gelegen war. Unter dem Sohn des Harvey'schen Gönners haben 80,000 Engländer wegen Eides-Weigerung, sich dem Staatsglauben zu conformiren, alle Art von Verfolgungen leiden müssen; 8000 allein büssten um des Gewissens willen ihren Glauben im Gefängniss [2]. Und Carl II. Nachfolger, Jacob II. trat offen zur katholischen Kirche über, um durch strenge Regierung ohne Parlament den letzten Rest des freien Glaubens aus England auszutilgen. Allerdings brachte sein Eidam, Wilhelm von Oranien (1688 fgd.), dreissig Jahr nach Harvey's Tode, England eine neue Zeit. Indessen der Mann, welcher 1689 für einige Dissidenten die Duldungsakte gab, liess doch noch immer freiere Denker, wie z. B. Peter Bayle, ihres Amtes entsetzen (1693) [3] und schloss ausdrücklich die Partei Servets und Cesalpins, die Socinianer, von jeder öffentlichen Duldung aus [4].

Wenn man sich alles dessen erinnert, wie kann man dann so naiv fragen: Hat Harvey den Servet und den Cesalpin gelesen, warum citirt er sie denn nicht?

---

1) Nicht 1678, wie Haeser, Geschichte der Medicin, III. Aufl. Bd. II, S. 253 druckt.
2) Herzog l. c. p. 396.
3) Herzog I, p. 750.
4) Herzog l. c. 327.

II. Harvey's Verhalten zu seinen Vorgängern glaubten wir zunächst aus den Werken Harvey's selber schöpfen zu müssen. Aber darum lernen wir doch gern von denen, die vor uns aus derselben Quelle geschöpft haben. Die Prachtausgabe von Harvey's Werken hat den Festrednern geschadet, mehr noch als durch das ihr beigegebene, höchst mangelhafte, parteiisch angelegte Register, durch Lawrence's[1]) lateinisches Leben Harveys von 1766. Seit 1766 sieht man in England das Verdikt gegen Servet, Colombo und Cesalpin als abgeschlossen an[2]). Es ist desshalb nothwendig, nunmehr die Gründe des anonymen Vorredners für Harvey und gegen seine Vorläufer wissenschaftlich zu prüfen. Nachdem Dr. Lawrence Harvey die Sinnwidrigkeit nachgesprochen hat, Harvey habe den Weg des Blutes von Galen gelernt (a Galeno sanguinis iter Harveium doctum — e ramis extremis venae arteriosae in principia arteriae venosae), während doch Galen den Hauptstrom des Blutes direkt durch das septum gehen lässt, kommt er zu Servet (p. XV). Es sei ein Unglück gewesen, sagt er, dass der Spanier sich von seinen medicinischen Studien zur Theologie gewandt habe (a studio medicinae ad res theologicas tractandas infeliciter conversus). Das Unglück war so gross nicht: Da es eben nicht geschah. 1531 und 1532 veröffentlichte Servet seine ersten theologischen, 1536, 1537, 1538 seine ersten medicinischen Schriften. Servet hat sich also von der Theologie zur Medicin gewandt. War das ein Unglück? Als er 1553 starb, fungirte er seit eilf Jahren als Leibarzt des Erzbischofs Peter Palmier von Vienne. Das Buch, in welchem Servet vom Blutkreislauf durch die Lungen spricht, nennt der Anonymus librum de trinitate. Er verwechselt also die für den Kreislauf so bedeutungsvolle Restitutio Christianismi, die er nie gesehen, mit Servet's L. VII de trinitatis erroribus, resp. Dialogi de trinitate, in denen vom Blutumlauf nichts vorkommt. Im Citat der berühmten Stelle selber, die er aus Andern herübernimmt, schreibt der Anonymus lucens vapor statt lucidus, flavus ejicitur statt efficitur, acre miscetur statt aeri, hinter ita tandem lässt er a sinistro cordis ventriculo totum mixtum aus. Aus besagter Stelle, sagt der Ano-

1) Dr. Lawrence: S. The Works of William Harvey, translated by Rob. Willis, 1847, p. VII, XIII.

2) Vgl. z. B. Huxley in der Fortnightly Review, 1. Febr. 1878, p. 178, Anm. 1.

nymus, gehe hervor, was Servet de spiritus vitalis generatione
denke (p. XVI). Dass es sich aber an gedachter Stelle um Servet's physiologische Erklärung des Spruches handelt: „Des Menschen Seele ist im Blut", „Die Seele ist Blut", „Der Geist ist im
Blut", das verschweigt der Anonymus und fährt über Servet
fort: id quidem quod verum est, nullo probat experimento, also
scheine er die Wahrheit nur im Traume geschaut, nicht aber sie
erkannt und bewiesen zu haben (somnio vidisse). Dass Servet
principieller Feind aller Träumereien, Gegner des blinden Autori-
tätsglaubens, praktischer Anatom, Mann des Experiments ist,
davon hat Lawrence keine Ahnung. Doch der Anonymus widerlegt sich selbst. Im Traume pflegt man nicht abzuschreiben. Und
da er wohl einsieht, dass seine Traum-Hypothese in Nichts zer-
fliesst, so fährt er fort: Nec re vera longe alia a Galeno Serveti
mens est. Quid quod etiam Servetus ducem Galenum etiam erran-
tem sequatur (p. XVII). Es gehört eben die ganze Parteilichkeit
eines blinden Widersachers von Servet dazu, um zu sagen, es sei
identisch: alles Blut geht durch das septum cordis, quidpiam aber,
oder portio sanguinis destillat durch die Lunge, wie Galen redet,
oder alles Blut geht durch die Lunge, aliquid aber könne vielleicht transsudare durch das septum, wie Servet spricht. Und
nur ein blinder Parteigänger Harvey's kann sagen: Sanguinis
ortum igitur ab hepate petit cum Galeno, quo nihil ab Harveii
sentensia magis alienum esse potest (p. XVII). Harvey's Meinung ist eben gerade die des Galen, des Servet, des Colombo,
dass das Blut in der Leber bereitet wird [1]. Geradezu befremdlich
lautet der Vorwurf auch, dass Servet in einem rein theologischen
Werke bündiger und kürglicher von dem Wege des Bluts aus der
arteriösen Vene in die venöse Arterie rede, als Galen in jenen
rein medicinischen Werken, welche von dem Gebrauch jener Theile
handeln (Galenus Serveto plenior atque explicatior). Was sollte
Servet zur Abkürzung einer physiologischen Episode in einem
Werke über die Herstellung des Christenthums gescheuteres thun,
als dass er ausdrücklich den Leser, wie er thut, auf Galen, de
usu partium L. VI und VII verweist? [2]. Und wenn Harvey, hundert Jahre nach Servet, mit Galen irrt, indem er die Leber als

---

1) S. z. B. Haeser, Geschichte der Medicin, III. Aufl., Bd. II, p. 276.
2) S. Entdeckung des Blutkreislaufes, Jena 1876, p. 4 ff.

den Ort der Blutbereitung festhält — anderer Irrthümer zu geschweigen — warum soll dann Servet nicht hundert Jahre vor
Harvey auch darin mit Galen irren dürfen, dass das Blut durch
die Diastole angezogen wird. Wenn aber Servet sich bemüht,
die drei Geister, die früher die Physiologie beherrschten — spiritus naturalis, vitalis, animalis — auf zwei zu reduciren, so bewegt
er sich damit eben auf der Linie von Harvey, der aus den dreien
Einen Geist macht, einen von aller Blutbewegung unabtrennbaren
leuchtenden Geist. Und ein Vertheidiger von Harvey, wie Dr.
Lawrence, sollte doch am wenigsten daraus Servet einen Vorwurf machen. Die Angriffe auf Servet bekunden bei dem anonymen Biographen Harvey's eine völlige Unkenntniss vom Leben
und Wirken des Spaniers. Dennoch sind sie tonangebend geblieben bis heute bei allen Harvey-Oratoren.

2. Von Michael Servet geht der Anonymus zu Realdo
Colombo über (p. XVII sq.). Er macht darauf aufmerksam, dass,
was Colombo über die Herz- und Blutbewegung meldet, mit dem
nicht übereinstimmt, was Colombo von der centralen Bedeutung
der Leber sagt und sonst. Denn im übrigen Theile seines Buches
lasse Colombo alles Blut den Theilen aus der Leber zufliessen
vermittelst der in der Hohlvene als in ihrem Stamm vermittelten
Venenverzweigung (sanguinem in venis a trunco venae cavae in
ramos ejusdem quaquaversum dispersos progredi). In der Stelle
aber über Herz und Lunge versperre er dem Blutlauf den Weg
aus dem rechten Herzen zurück in die Hohlvene, weil die Klappen
den Rücklauf verbäten, so dass das Blut gezwungen sei durch die
Lunge vermittelst der arteriösen Vene in die venöse Arterie über-
zugehen und so in die linke Herzkammer zu gelangen; von da
aber durch die Aorta und ihre Verzweigungen in den ganzen Leib.
Aus jenem Widerspruch mit sich selbst hätte bei Colombo der
Anonymus ersehen können, dass es Colombo 1559 ergeht, wie
1555 dem Vesal[1]): nachdem sie Servet's Restitutio gelesen,
nehmen sie aus der Restitutio das Neue auf, Vesal die Undurchdringlichkeit des septum cordis, Colombo den Lungenweg des
Bluts aus der vena cava: weil sie aber, was Servet damit wollte,
beide nicht recht verstanden, so lassen sie neben dem aus Servet
entlehnten Neuen ihr eigenes dem widersprechendes Alte stehen,
Vesal, dass maxima portione das Blut aus der einen Herzkammer

---

1) S. Entdeckung des Blutkreislaufes, Jena 1876, p. 26.

in die andere durchschwitzt; Colombo, dass das Blut nur vermittelst der Venen sich in den gesammten Körper vertheilt. Statt
nun das zu ersehen, schliesst der Anonymus vielmehr, Colombo
habe vom Blutkreislauf durchaus nichts gewusst (Columbum sanguinis circuitum prorsus nescivisse), die muskulöse Natur des
Herzens nicht gekannt und für seine wahre Behauptung des Blut-
weges von der arteriösen Vene in die venöse Arterie kein Experiment angeführt. Colombo habe selbst daher nicht gewusst, durch
welchen Zufall er solches vorgebracht habe (imprudentem et quo-
dam casu protulisse p. XIX). Beim Zufall, d. h. beim Deus ex
machina bleibt der Harvey'sche Anonymus stehen. Und doch
lag die Erklärung so nahe: der 1559 schreibende Paduaner Colombo las Servet's seit 1546 und 1555 in Venedig und Padua
so viel verbreitetes Buch [1]).

3. Von Realdo Colombo kommt der Anonymus auf Andreas
Cesalpin (p. XIX sq.), setzt auseinander, dass dieser ein dop-
peltes Blut annimmt, ein Vermehrungsblut, das in der Leber und
den Venen seinen Sitz hat, und ein Ernährungsblut, das in Herz
und Lunge seinen Sitz hat; betont, dass Cesalpin nur die Blutbewegung von der rechten Herzkammer durch die Lungen in die
linke Herzkammer nomine satis inepto Cirkulation nenne; dass er
den Rücklauf des Blutes aus den Arterien in die Venen nur während des Schlafs annehme: venae siquidem illo tempore intumes-
cunt, arteriarum vero pulsus minor est, und wenn man die Venen
mit einem Verbande zusammendrücke, fliesse das Blut nach seinem
Ursprung zurück, ne intercisus exstinguatur. Demnach gesteht
der Anonymus dem Cesalpin zu, er habe, gerade wie vor ihm
Columbus, den Lauf des Blutes durch die Lungen und den Gebrauch der Klappen dargelegt: betreffs der Ursache aber bei der
Blutbewegung sei Cesalpin gerade so Ignorant wie die Unwis-
sendsten (causas vero sanguinis movendi juxta cum ignarissimis
nescivisse); Cesalpin habe die Bewegung des Herzens und der
Arterien gestört, den Blutlauf durch die Lunge aber durch kein
Experiment erhärtet, sondern als eine ihm wahrscheinliche Ueberzeugung angeführt (nullo experimento, sed ingenii commento pro-
babili persuasum credidisse p. XX).

---

1) S. Geschichte des Blutkreislaufes, Jena 1876, p. 35 ff.
2) Wie weit diese Schilderung Cesalpin's sachentsprechend ist, s.
unten.

Daraus zieht nun der Anonymus den Schluss, es habe nicht die geringste Wahrscheinlichkeit für sich (minime verisimile videtur), dass Harvey an den Funken (ex igniculis) von Servet, Colombo und Cesalpin seine Fackel angezündet habe. Wo wir aber Gewissheit besitzen, brauchen wir auf Wahrscheinlichkeit nicht zu recurriren. Nun aber ist es schon durch Sieveking's Mittheilungen aus Harvey's ersten physiologisch-anatomischen Vorlesungen gewiss, dass Harvey an jenen Funken seine Fackel angezündet hat. Sagt er's da doch selbst und bestätigt es dann, wie wir oben sahen, in seinen Schriften. Der Anonymus aber behauptet dreist hin, jedermann leuchte ein, dass jene drei über den Blutlauf nichts der Natur Entsprechendes gesagt noch gedacht hätten (nihil naturae congruens), da keiner von ihnen angegeben hätte, wie das Blut sich bewege, noch sich dabei auf seine Sinneswahrnehmungen berufe (sensu se percepisse) noch die Ursachen einer Kreisbewegung angegeben hätte. Dass Servet sich auf anatomische Experimente, Colombo auf Vivisektionen, Cesalpin auf beides beruft, dass Servet als Ursache der rückläufigen Bewegung die Uudurchdringlichkeit der mittleren Herzwand anführt und den Blutweg durch die Lungen ganz naturgemäss beschreibt, das alles sieht der Anonymus nicht, weil er es nicht sehen will.

4. Kurz, wenn in der 1766ger Prachtausgabe von Harvey's Werken das Register durch seine parteiische Unvollständigkeit vom Verhältniss Harvey's zu seinen Vorgängern ein unrichtiges Bild giebt, so ist die Entstellung des geschichtlichen Sachverhalts noch grösser in der ebenfalls nach so vielen Seiten hin — Harvey's Verhältniss zu Baco, Harvey als Bürger, Gatte, Gesellschafter u. dgl. — unvollständigen Biographie. Die Erklärung giebt Flourens: que devenait donc la parole du maître? L'autorité se déplaçait. Il ne fallait plus jurer par Galien et par Aristote: il fallait jurer par Harvey [1]).

III. Dies jurare in verba magistri ist nun auch die Signatur geblieben in dem Leben Harvey's, das mein Freund Dr. Robert Willis, von der Sydenham Society beauftragt, 1847 der englischen Uebersetzung von William Harvey's Werken vorausschickte. Kein Wunder, dass in einer Zeit, wo man wissenschaftlich debat-

---

1) Hist. de la découverte. 51.

tiren konnte, ob für einen Mediciner die Kenntniss des Lateinischen nöthig sei, der englische Harvey gar bald den lateinischen
verdrängte. In der lateinischen Ausgabe war das Register unzu-
reichend. In der englischen fehlt es ganz. Aber auch die Lebens-
beschreibung ist so unkritisch gehalten, dass Willis sich genöthigt
sah, 1878 sie zurückzunehmen. In der Sydenham-Ausgabe erscheiut W. Harvey als the im-
mortal Discoverer of the Circulation of the Blood (p. V); ja als
eine Art Gottheit in der Arzneikunde, as a kind of divinity in
medicine (p. VI). Dieser medicinischen Gottheit konnten (s. oben)
Harvey's Vorlesungen von 1616 Eintrag thun. Willis constatirt daher ausdrücklich, dass sie nicht mehr existiren oder doch
nicht aufzufinden sind (p. VII, Anm. 1). Correkturen in Anmerkungen etwa bei Harvey vorzunehmen, entsprach weder der Ab-
sicht des Council of the Sydenham Society, und wäre auch Willis
selber als Ungehörigkeit (impertinencies) erschienen. Ein Leben
Harvey's zu schreiben, dünkte Willis seit lange eine äusserst
angenehme Aufgabe (a cherished purpose p. VIII). Ganz besou-
ders kam es ihm dabei darauf an, Harvey's Ansprüche in Sachen
des Blutkreislaufs, der vollständige und alleinige Entdecker (the
whole and sole merit of the discovery) zu sein, in ein neueres
und helleres Licht zu setzen. Auch habe er sich mehr, als alle
früheren Biographen, es angelegen sein lassen, jener noblen Natur
moralische Verdienste darzulegen (p. VIII).

Charakteristisch für die Harvey-Vergötterung bei den Eng-
ländern ist gleich die im Anfang von Willis Biographie (p. XIII)
angeführte Thatsache, man habe den Geburtstag Harvey's vom
1. April auf den 2. April verlegt, damit es nicht scheinen sollte,
als hätte Allernarrentag solch' einem grossen Manne das Leben
geschenkt. Dass Harvey's Mutter das Ideal aller Tugenden war,
gehört für Willis zum Glaubensbekenntniss (as a portion of our
faith p. XIX).

Wahr und gerecht ist es, wenn Willis darauf hinweist, das
Harvey auf der Universität Cambridge mehr Logik und Theologie, als Physik gelernt, und dass erst Fabricius de Aquapendente in Padua ihm jene Schulung gegeben habe, die ihn befä-
higte, „Entdecker des Blutkreislaufs zu werden" (p. XX).

Nachdem Willis sich in der Vermuthung wohlgefallen hat,
Harvey möchte wahrscheinlich mehrere Jahre, like young phy-

sicians of the present day, Armenarzt gewesen sein, und was für ein Ideal von einem Armenarzt!, erinnert er, zur Geschichte zurückkehrend, an Harvey's mächtige Freunde und fürsorgliche verträgliche Brüder. Von seinem Eheweib, der Tochter des Arztes Dr. Lancelot Brown, weiss er nichts zu melden, als dass sie, nach des Gatten Mittheilung, einen zärtlichen Papagei besass. Zur Stelle am St. Bartholomäus-Hospital verhalf ihm der Empfehlungsbrief des Königs und Dr. Wilkinson's Tod. Doch scheine es mehr ein Ort der Arzneivertheilung an Arme gewesen zu sein. Harvey scheint bald bei verschiedenen hochgestellten Personen Hausarzt geworden zu sein, wie beim Lord-Kanzler Bacon, bei Thomas Howard, Earl of Arundel u. a. m.

Es werde allgemein angenommen (generally allowed), dass Harvey schon in seinen ersten anatomischen Vorlesungen im ärztlichen Kollegium von Richard Caldwal eine genaue Auseinandersetzung der Vorgänge beim Blutkreislauf gegeben habe. Das alte und moderne gebildete Europa habe nach und nach das Material herbeigeschafft, bis die Idee endlich in den Geist Harvey's übertrat und hier in vollkommener Gestalt an das Licht trat, wie Pallas vollendet heraustrat aus dem Hirn Jupiters (XXII).

Warum aber dennoch Harvey vom April 1616 bis 1628 gewartet hat, ehe er seine „Entdeckung" veröffentlichte, darüber klärt uns Willis nicht auf, was doch um so nöthiger wäre, wenn die „Entdeckung" wirklich schon 12 Jahre gerade so vollendet und ausgewachsen, wie die Pallas vor ihm stand.

Die Zeit, wann Harvey Leibarzt des Königs wurde, lässt Willis unbestimmt. Jedenfalls sei es vor dem 3. Febr. 1623 gewesen (XXIII), wo er ja allerdings nur als Helfer der ordentlichen Hausärzte erscheint. Ordentlicher Hofarzt sei er freilich unter König Jakob I. nie geworden, sondern erst im 5. oder 6. Regierungsjahre König Karl I. Aber auch hier weiss Willis nichts von glücklichen Kuren zu berichten, sondern nur, dass Harvey den König seinen lieben Herrn nennt, und dass der König sich lebhaft für diejenigen Experimente interessirte, welche sein Leibarzt über die Zeugung der Thiere anstellte. Willis macht dem König daraus ein Compliment für seinen guten Geschmack (XXIV).

In dem Aubrey'schen Bericht, dass die Aerzte alle gegen Harvey waren und die Laien sich äusserten, ein guter Anatom mag er sein, aber für seine Recepte möchte ich keine drei Pfennig geben; auch wisse niemand von Heilungen zu melden, die ihm gelungen wären, sieht auch Willis nichts als schwarze Verleumdung der Neider gegen die in ihrer Mitte erschienene Gottheit (the divinity among them); während doch weder Harvey selber noch seine Freunde oder seine Feinde von einer Heilung melden, die ihm gelungen sei; und es in der Geschichte mehr als einmal vorgekommen ist, dass ein trefflicher Anatom ein schlechter Therapeut gewesen ist.

Ueber Harvey's Seereisen mit dem jungen Herzog von Lenox im Anfang des Jahres 1630 weiss auch Willis nichts näheres zu melden: selbst das Reiseziel bleibt unbekannt. Willis Beweise, dass Harvey 1631 und 32 wieder zurückgekehrt sein musste, sind nicht stichhaltig. Zum ordentlichen Arzt des Königs konnte er auch in seiner Abwesenheit ernannt werden und sein Fernbleiben aus dem St. Bartholomäus-Hospital „im Dienst Seiner Majestät des Königs" erklärt sich gerade so gut durch jene königliche Dienstreise. Dass ihm auch während seiner Abwesenheit sein Gehalt weiter bezahlt werden musste, kann selbst Willis für kein Martyrium ansehen.

Harvey's Reform im Bartholomäus-Hospital dahin, dass alle Chirurgen verpflichtet werden, ihre Geheimnisse dem Hospitalarzt mitzutheilen, konnte ihm anatomisch und physiologisch von Nutzen sein, war aber gewiss wieder ein Ausfluss jener königlichen Gunst, die ihm so gern alle seine Wünsche erfüllte.

Auf einer Reise im Gefolge des Thomas Howard, Earl of Arundel, im Jahre 1636 besuchte er u. a. in Nürnberg den berühmten Anatomen Caspar Hofmann, ohne selbst durch seine Experimente im geringsten ihn überzeugen zu können [1]), bis er schweigend das Secirmesser niederlegte und davon ging. Wir dürfen nicht vergessen, dass Caspar Hofmann in Altdorf ebenderselbe Mann war, welcher kurz vor Harvey jenes schwierige sechste Buch Galen's De usu partium, das Jacob Sylvius immer in der Mitte unterbrach, eben im selben Verlag hatte com-

---

1) Und das ist so wunderbar nicht, wenn man mit Willis XLI zugibt, dass Harvey den Blutkreislauf zwar richtig inducirt (as an induction only, not as a sensible demonstration), nie aber den Uebergang des Bluts aus den Arterien in die Venen, aus den Venen in die Arterien selber gesehen habe (he never saw this transit), was Malpighi aufbewahrt blieb.

mentirt erscheinen lassen, in dem drei Jahre darauf Harwey's De motu cordis erschien; eben derselbe Mann, welcher den Lungenkreislauf und die Undurchdringlichkeit der mittleren Herzwand gelehrt hatte [1]), ehe an Harvey zu denken war; und der nun dem Harvey entgegenhielt, ob das wirklich der Gottheit würdig sei, dass auf so langem Umwege das Blut verdünnt werde, um immer wieder von neuem verroht zu werden (ut recrudescat) und verloren zu gehen (frustra pessumdare)?

Wenn in der verhängnissvollen Parlamentsschlacht von Edgehill Harvey, dem die Sorge für das Leben des Prinzen und das des Herzogs von York vertraut war, aus der Tasche sein Lesebuch holt und gleich nach der Schlacht, in der des Königs Geschick und das des Parlaments entschieden werden sollten, sich eifrig damit beschäftigt, Tag für Tag in Oxford des George Bathurst Stubenhenne nach Eiern zu untersuchen und diese Eier täglich zu öffnen, um die Weise der thierischen Zeugung zu studiren, so findet das Willis — wenn auch nicht patriotisch, so doch — gross, erhaben, wundervoll, gleich als ob der Anatom kein Herz zu haben brauchte für das Wohl und Wehe seines Königs und Vaterlands.

Warum Harvey seinen königlichen Wohlthäter, sobald dessen Stern unterzugehen beginnt, verlässt, darüber gibt uns Willis keine Erklärung. Natürlich muss er ein weiser Mann sein, friedliebend und der Wissenschaft ergeben bis in den Tod.

Dass die an Gotteslästerung streifende Inschrift auf der ihm 1652 errichteten Bildsäule, als habe Er dem Blut erst die Bewegung, den Thieren erst das Leben gegeben (dedit), den „bescheidenen" Mann irgend wie verletzt hätte, davon sagt Willis nichts. Im Gegentheil stellt er seine reichen Schenkungen an das Collegium als Aeusserung der Dankbarkeit für jene Statue hin. Aus Dankbarkeit für die Schenkungen hinwiederum trug ihm 1654 das Collegium die Stelle seines Präsidenten an (XXXVI), die ehrenvollste Stelle, die ein Arzt in England einnehmen konnte.

Alt und gebrechlich, lehnte Harvey diese Würde ab, setzte

---

1) Selbst Willis in der Sydenham-Ausgabe von Harvey XLIII sagt: The opposition here is the more remarkable from Hofmann's having shaken himself wholly free from the authority of Galen. Doch hat Willis keine Ahnung, dass C. Hofmann's Werk schon 1625 erschien und vermuthet, dass dies erst sehr spät geschehen, lange nach Harvey's Veröffentlichung.

aber in seinem Testamente eine jährliche Summe fest, um in Reden die Wohltbäter der Anstalt und Förderer der medicinischen Wissenschaft zu feiern. So wurde Harvey selber der Stifter der jährlichen Harvey-Reden in dem Royal College of Physicians.

Recht charakteristisch für den Fanatismus der Harvey-Vergötterer ist, was Willis über seines Helden Stellung zu dem zwei Jahre vor Veröffentlichung des ersten Harvey'schen Werkes verstorbenen Bacon von Verulam sagt: Baco hätte nicht nöthig, das Prinzip der Induktion aufzustellen: es wurde schon in der Praxis geübt. Harvey's De motu cordis hätte dem Baco als Text dienen können für sein Novum organon. Und doch weiss Willis, dass des 59jährigen Kanzlers epochemachendes Werk schon 1620, acht Jahre vor des siebzehn Jahre jüngeren damals noch völlig unbekannten Harvey Erstlingswerke erschien. Zu seiner Apotheose verhilft ihm die Vermuthung, Harvey könne ja sein de motu cordis schon vor 1619 zu Papier gebracht haben! (XL).

Willis weist mit Recht darauf hin, dass Harvey's Ansichten im Anfang ganz allgemein zurückgewiesen wurden als die Neuerungen eines hirnverbrannten Kopfes (S. XLI). Erst als die jungen Leute von 1628 und 1630, die noch im Unglauben gegen den Blutkreislauf erzogen worden waren, in Besitz der Professuren und hervorragenden Stellungen gelangt waren, begann in Europa die bessere Ueberzeugung die Oberhand zu gewinnen (L).

An die Komik aber grenzt die Vermuthung, Shakespeare, der 1616 starb, habe sein Wissen von der herzwärts gerichteten Bewegung des Blutes aus Harvey's 1616 beginnenden anatomischen Vorlesungen entnommen. Stehe es doch gewiss zu hoffen, dass die beiden grossen Männer befreundet waren (LIII). Willis übersieht, dass Shakespeare die letzten Jahre seines Lebens nichts geschrieben noch überhaupt in London, sondern in seinem Geburtsort Stratford am Aron in Warwicshire gelebt hat und dass seine grossen Werke von 1592 und den folgenden Jahren datiren, wo Harvey ein Knabe war.

All das Schiefe, Falsche, Missverstandene, was Willis (LV fgd.) über Harvey's Vorgänger, Vesal, Servet, Colombo, Cesalpin, Fabricius ab Aquapendente sagt, das hat fortgespukt in den Auslassungen der Harvey'schen Festredner. Wir brauchen es aber nicht zu widerlegen, da der Willis von 1878 den Willis von 1847 vollständig widerrufen hat.

Doch auch hier schon und hier wieder kommt Willis auf den richtigen Satz, dass Harvey's Entdeckung nicht das sinnliche Vorzeigen einer sinnlich bisher nicht wahrgenommenen Thatsache war, — die Thatsachen, die er benutzte, waren, sagt Willis, zur Genüge bekannt (familiarly known), viele bei seinen Vorgängern seit fast einem Jahrhundert, alle (all of them) bei seinen Lehrern und unmittelbaren Zeitgenossen" — sondern Harvey's Entdeckung war eine rationelle, induktive, indem er durch geistreiche und scharfsinnige Combinationen die Thatsache, die er, ohne Mikroscope — und das fehlte ihm — nicht sehen konnte und niemals gesehen hat, dennoch vermuthete und vor der Welt proklamirte (LXV fgd.)

Schade, dass man diese Auffassung, die der geschichtlichen Wahrheit entspricht und dem William Harvey so hohe Ehren bringt, Harvey zu Ehren immer wieder geschäftig war zu entstellen.

Sehr wahr ist, was Willis (LXIX fgd.) von dem wissenschaftlichen Unwerth und der veralteten Methode des grossen letzten Werk's von Harvey über die Erzeugung der Thiere sagt; er gebe im Harnisch des Aristoteles einher, nehme ein Stück Fabricius zwischen seine Zähne, arbeite so sich ab, die Natur zur Harmonie mit dem Stagyriten zu zwingen, während er seinen alten paduaner Lehrer verlacht. Auch in dem lebhaften Bedauern, dass so wenig Freundschaftsbriefe von Harvey uns aufbewahrt sind, schliessen wir uns Willis an: ob es wohl daran lag, dass er, ausser Dr. Ent, keine Freunde hatte?

Bei der Charakteristik Harvey's verschweigt auch Willis nicht, dass sein Temperament nervös-gallig, cholerisch gewesen sei (LXXV). Willis konnte dem Bildniss Jansen's und dem Bericht Aubrey's nicht widersprechen. Aber, als gereute es ihn sofort, in seinem öffentlichen und literarischen Leben habe Harvey, sagt er, diese cholerische Natur nie gezeigt, sondern stets beherrscht. Wir glauben schon in dem Artikel des Virchow'schen Archiv's, August 1880, das Gegentheil bewiesen zu haben. Auch stimmt mit unserer Fassung sehr wohl, was ihm Aubrey in den Mund legt: „Die Frauen wüsste nicht der Europäer, sondern nur der Türke recht zu nehmen" und „der Mensch sei nur ein grosser, boshafter Pavian" (a mischievous baboon). Wer das Menschengeschlecht so verachtet, bei dem kann es nicht Wunder nehmen, wenn er weder seine Feinde, noch seine Collegen, noch seine Lehrer, noch seinen König ehrt und dass ihm, wie ich in Virchow's Archiv zeigte, die eigne Person höher als die Wahrheit steht.

Dass seine Brüder viel, sehr viel an William gethan haben, besonders Eliab, kann nicht bezweifelt werden: dass er etwas an seinen Brüdern gethan hätte, wird nirgend gemeldet. Dennoch lässt Willis auch William sehr friedlich, milde und freundlich sein, weil es erwiesenermassen seine Brüder waren.

Wie wenig Harvey an andern Personen gelegen war, wie sehr noch der alte Mann, der so viele Verluste zu beklagen hatte, an seinen papierenen Schätzen hing: das beweist seine Acusserung, „von allen Verlusten, die er im Leben gehabt, beklage er keinen so tief, als die bei der Plünderung seiner Wohnung in Whitehall eingebüssten Bücher und Manuscripte" (LXXX). Man sicht, das ist der Mann, der in der Schlacht bei Edgehill in sein Buch vertieft hinter dem Busch sass: der eitle Mann, welcher sich geberdet, als existirten sonst keine Frösche, Kröten und Würmer mehr, und als könne er aus seinen eigenen Berichten über die Natur weit mehr lernen, als aus der Natur selbst. Statt die gereiften therapeutischen Erfahrungen der ihn umgebenden leidenden Menschheit zuzuwenden, schafft sich der Bücherwurm noch kurz vor seinem Tode eine Clavis mathematica an (LXXX). Auf seine Eitelkeit deutet auch Aubrey's Bericht, Harvey habe alle diejenigen stets gern unterrichtet, welche sich ihm gegenüber bescheiden und ehrfurchtsvoll erwiesen (LXXXI). Für seine italienische Reise giebt er dem jungen Aubrey gute Rathschläge auf den Weg betreff der Sehenswürdigkeiten, der Personen, der lesenswerthen Bücher, des Studienplans. Vor allem rieth er ihm zu den Quellenhäuptern aufzusteigen, zu Aristoteles, Cicero, Avicenna. Die neueren hingegen nannte er Sch . . . kerls (LXXXII). Man brauchte bloss in der Wissenschaft den Rath zu befolgen, und niemand hätte je von den über den Blutkreislauf bei Servet, Valverde, Colombo, Cesalpin, Ruini, Sarpi verbreiteten Kenntnissen etwas erfahren: Harvey blieb das fac totum.

Wie parteiisch in dieser ersten Ausgabe Willis ist, das zeigt sich wieder da, wo er Harvey's Stellung zu seinem „Freund und hohen Gönner Baco beleuchtet". Harvey spottet über seine Schriften mit dem billigen Witz: „Baco schreibe Philosophie wie ein Kanzler". Und Willis fügt hinzu, heute gebe es viele, die darin Harvey beistimmten (LXXXIII). Bekanntlich sind das

dass die Welt nichts vom Blutkreislauf in Servetus [1]), Caesalpinus oder Shakespeare gesehen habe, bis später William Harvey sie lehrte und beschrieb.

Es waltet hier über Sieveking's Schrift ein eigenthümliches Missgeschick. Alle seine Voreingenommenheit gegen Servet hat Sieveking der ersten englischen Harvey-Ausgabe seines trefflichen Freundes Dr. Robert Willis entnommen. Und zur selben Zeit, wo Sieveking's Jubelschrift erscheint, schliesst Willis (Mitsommer 1877) die Vorrede zu seinem Servetus and Calvin [2]), in dem Willis erklärt, hätte Servet's Restitutio Christianismi sich den Weg durch die Welt bahnen dürfen und in die Hände der Anatomen gelangen können, so könne man dreist behaupten, dass jene Unsterblichkeit, welche heute so treu und fest sich an Harvey's grossen Namen heftet, für Servet aufbewahrt worden wäre (p. 213). Und wieder ein Jahr nach Sieveking's Jubelschrift (Oktober 1878) giebt derselbe Willis seine zweite Ausgabe des Harvey heraus [3]), in welcher Willis die glänzendste Induktion seines Zeitalters, den Blutkreislauf durch die Lungen (p. 73), den Beginn einer neuen Aera in der medicinischen Wissenschaft, die einzige wirkliche Wegebereitung für Harvey dem Michael Servet zuschreibt (p. 76).

Nunmehr geht Sieveking dazu über, aus den jetzt wieder entdeckten [4]) Vorlesungen, die Harvey 1616 und folgende Jahre über Anatomie und Physiologie hielt, zu zeigen, wie er Stufe für Stufe fortschritt seinem grossen Ziele zu (p. 16). Ueber die mit Englisch untermischte lateinische Handschrift Harvey's klagt Sieveking's betreffs ihrer Unlesbarkeit so sehr, dass er den Vorschlag macht, sie in Autotyp zu veröffentlichen (p. 20). Daher sind manche Namen, die Harvey in seinen Anmerkungen citirt, falsch gelesen, andere gar nicht entziffert worden. Interessant ist, dass nicht nur Vesal (als Versallius), Columbus (Realdo C.), Aquapeudens [5]),

1) Sieveking lässt aus Willis Citat den Columbus aus.
2) London bei Henry L. King & Co., 1877, p. 213.
3) William Harvey, London bei Kegan Paul & Co., p. 70—86.
4) They have disappeared (aus dem britischen Museum) for above a hundred years (1766 sqq.).
5) Auch ein Colsius (?), der, so geschrieben bei Kurt Sprengel, Haeser, Baas fehlt. Sollte dahinter Caesalpinus stecken?

sondern auch Caesalpinus (though this is doubtful) citirt wird, gerade wie Hippocrates und Galen[1]).

So kann und will angesichts der neuen Thatsachen Sieveking nicht leugnen, dass auch Harvey von der früheren Zeit beeinflusst wurde[2]). Diese Continuität in Harvey selbst constatirt zu haben, wäre Sievekings Verdienst. Auch Harvey spricht im Anfang noch von der Quantität von Blut und Geistern (the quantity of blood and spirits contained in the ventricles), die in den Herzkammern enthalten ist[3]). Die beiden Kammern sind ihm Cisternen für Blut und Geist (cysternae sanguinis et spiritus): der letztere (the latter), also der Geist (nicht das Blut) wird von hieraus in den ganzen Körper vertheilt. Vom Blutkreislauf handelt er noch unter dem Titel: Historia[4]) transitus sanguinis et quomodo spiritus fiat. Der grosse Mann zieht seine Zuhörer in die Mühsal seiner Forschung mit hinein: „Stundenlang habe ich forschend vor dem Herzen gestanden und weder durch das Auge noch durch das Gefühl unterscheiden können, was da Systole, was Diastole sei? Darum lege ich es euch vor, dass ihr selber schaut und den Befund anzeigt (p. 13). Sieveking möchte gern um des grossen Interesses willen, welches an diesem Gegenstande haftet, ihn anderweitig gründlicher erörtert sehen (p. 23).

Nachdem nun Sieveking gefunden hat, dass Harvey's Ruhm als „Gründer der Physiologie und Medicin" unerschüttert feststeht, fragt er sich weiter, ob „wir, die geistigen Nachkommen Harvey's", noch heute in des geistvollen Entdeckers Wegen wandeln (p. 26 f.). Er freut sich, auch diese Frage mit Ja beantworten zu können, dergestalt, dass gerade unser Jahrhundert im vollsten Sinne des Worts die Harvey'sche Aera der Medicin genannt werden kann (p. 48).

In meinem Artikel bei Virchow (Archiv 1880, August) habe ich gezeigt, dass wir nicht auf Sieveking's handschriftliche

---

1) Schon Al. Gordon (Theologicae Review, Juli 1878, p. 422) sagt sehr richtig: Serveto and Harvey both worked on Galen's lines, and left them only by more fully applying Galen's own methods.

2) He is still somewhat influenced by the prevailing views, p. 22.

3) You see, he still clung to the view that the heart contained something besides blood, p. 21.

4) Sieveking setzt hier (p. 22) unrichtig ein Komma. Der Anatom hiess damals noch interpres historiae humanae.

Entdeckungen zu warten brauchten, um in Harvey selber die Continuität aufzuweisen. Denn schon aus den längst gedruckten Werken Harvey's — das Werk von der Erzeugung der Thiere datirt von 1642 — erhellt die Anlehnung wie an Aristoteles, Galen und Avicenna, so an Vesal, Colombo, Fabricius ab Aquapendente u. A., erhellt sein Festhalten bis in den Tod[1]) an der Geistertheorie; erhellt, dass er grosse, sehr grosse Stücke auf Bücher hielt, auf Tradition und Autoritäten. Allein man verlangt heute von den Harvey-Festrednern nicht mehr, dass sie Harvey ganz kennen. Und es erscheint nun gar schon als eine seltene Gelehrsamkeit, im Register-Cesalpin nach dem Worte circulatio geforscht zu haben. Mundus vult decipi, das gilt von der heutigen medicinischen Welt. Unter dem von Harvey gefangenen Heeresgefolge gilt es für Muth[2]), die Wahrheit zu sagen; für Muth, Harvey in seine faktische und notorische Bücherabhängigkeit zurückzuweisen und ihm nicht blindlings zu glauben, wenn er sagt, was vor ihm Colombo u. a. von sich selber betheuerten, er zuerst und er allein habe den Blutkreislauf entdeckt.

V. Allenfalls kann man noch verstehen, wenn Italien sich für einen Italiener, Spanien für einen Spanier, Frankreich für einen Franzosen als ersten Entdecker des Kreislaufs erhebt. Dass aber ein Deutscher sich einmischt, ohne den Ruhm für einen Deutschen zu requiriren, das erscheint ganz unverständlich.

Professor Huxley's Artikel über William Harvay in der Fortnigtly Review vom 1. Februar 1878 giebt sich durch Anführung meiner Abhandlung[3]) den Anschein, als habe er meine Gründe geprüft und zu schwach befunden. Ich könnte Huxley nun gerade so leicht abfertigen, durch die gleichartige Behauptung, dass des gelehrten und geistreichen (learned and ingenious) Huxley Argumente schwerlich (hardly) eine ernste Prüfung auszuhalten im Stande sind (bear close scruting). Ignoriren in der Sache verbunden mit Höflichkeit in der Form hilft über manche Schwierigkeiten hinweg. Auch hätte ich vielleicht um so mehr Veranlassung,

---

1) Sieveking denkt nur an den jungen Harvey vor de motu cordis.

2) „Neuerdings hat Tollin den Muth gehabt etc." Haeser, Gesch. der Medicin, II, 1881, 9. Aufl., Jena, p. 30.

3) p. 177 Note 1. Schon Gordon (Theologicae Review, Juli 1878, p. 423 u* macht darauf aufmerksam, dass Huxley von meiner Abhandlung nicht einmal den Titel richtig citirt.

Huxley's Artikel zu übergehen, da er sobald eine energische Zurückweisung gefunden hat seitens seines Landsmannes, des trefflichen Historikers Alexander Gordon[1]). Indess, weil mir gar nichts daran liegt, Recht zu behalten, und ich gern von allen Seiten lerne, so ist es mir eine Freude, auch Professor Huxley's Artikel zu befragen, was er etwa neues bringt betreffs der Priorität in der Entdeckung des Blutkreislaufs.

Auch Huxley knüpft an das am 1. April 1878 eintreffende dreihundertjährige Jubiläum der Geburt Harvey's an, der im Volke bekannt sei (populary known) als der Entdecker des Blutkreislaufs. Dennoch sei Harvey von gewisser Seite als Plagiator gebrandmarkt worden. Nun, das kann den nicht treffen, der, wie ich, von Harvey sagt: Harvey ist der erste, der das ganze System des Blutumlaufs durchschaut, begriffen und in seinen Consequenzen der Welt dargelegt hat"[2]). Huxley schildert nun in volksthümlicher Weise aus den Beobachtungen, die von Urzeiten her jedermann, insbesondere die Schlächter und die priesterlichen Deuter der Eingeweide gemacht haben, was das ist das Herzklopfen, das Pulsiren unter den Schläfen, das Blut der Vene, das Blut der Arterie und weist mit vollem Recht darauf hin, dass die modernen Physiologen gar oft die Alten unbillig verkleinern, weil sie den Unterschied der Ausdrucksweisen nicht beachten. Was jene die Herzohren nennen, bezeichnen wir als die Anhänge der Herzohren (the appendices of the auricles)[3]), und was wir die Herzohren nennen, das ist für die Alten auf der rechten Seite ein Theil der grossen Vene oder vena cava, und auf der linken Seite ein Theil des arteriellen Systems, nämlich der Stamm der arteria venosa. Desshalb sprechen sie von den Herzohren als blossen Anhängen oder Erweiterungen, welche beziehungsweise auf den arteriellen und venösen Stämmen sich befinden, angeschlossen an das Herz; und sagen immerdar, die vena cava und arteria venosa öffneten sich beziehungsweise in die rechten und linken Herzkammern. Und das diente als Unterlage für ihre Klassifikation der Gefässe: denn sie nannten alle Gefässe, welche in diesem Sinne nach der rechten Herzkammer sich öffnen, Venen;

---

1) Theol. Review l. c. p. 416—423.
2) Entdeckung des Blutkreislaufs, Jena 1876, p. 48.
3) Bei den deutschen Physiologen die Vorhöfe zu den Vorkammern.

und alle diejenigen, welche nach der linken Herzkammer sich öffnen, Arterien. Doch da trat eine Schwierigkeit hervor. Sie bemerkten, dass die Aorta oder Arterienstamm und all die sichtbaren Zweige, die, von ihm aus, in den Körper im allgemeinen hervorgehen, sehr verschieden von den Venen sind, dass sie viel dickere Wände haben und offen stehen, wenn sie zerschnitten werden, während die dünnwandigen Venen zusammenklappen. Und dass andererseits die „Vene", welche die rechte Herzkammer und die Lunge verbindet, die dicke Haut einer Arterie hat, während die „Arterie", welche die linke Herzkammer und die Lunge verbindet, die dünne Haut einer Vene hat. Desshalb nannten sie die erstere vena arteriosa und die letztere arteria venosa. Die vena arteriosa ist also was wir nennen die Lungenarterie; die arteria venosa aber unsere Lungenvene. Wollen wir nun die Alten verstehen, so müssen wir unsere Ausdrucksweise vergessen und die ihrige annehmen. Thun wir das, dann werden, behauptet Huxley, ihre Festsetzungen der Hauptsache nach ausserordentlich genau (exceedingly accurate) befunden werden (p. 169). Das klingt ja nun freilich so, als ob vor Huxley niemand auf diese Verschiedenheit der Ausdrucksweise verfallen wäre, wenigstens niemand von denen, welche die Festsetzungen der Alten der Ungenauigkeit zeihen. Wir aber kennen es aus Kurt Sprengel u. sonst.

Allerdings ist es verdienstlich von Huxley, dass er daran erinnert, wie (nicht etwa erst 1574 Fabricius de Aquapendente, sondern) schon 300 J. v. Christo Erasistratus die Klappen[1] der Hohlvenen richtig gesehen und ihren Zweck dahin bestimmt hat, das in das Herz einmal eingedrungene Blut am Rücktritt zu verhindern. Und zwar unterscheidet Erasistratus eilf Klappen, drei in der Oeffnung, durch welche die vena cava mit der rechten Herzkammer sich verbindet; drei, durch welche die vena arteriosa mit derselben Herzkammer sich verbindet; drei in der Oeffnung der Aorta in die linke Herzkammer; zwei aber nur bei der Oeffnung der arteria venosa in dieselbe Herzkammer. Wenn also der Inhalt des Herzens flüssig ist und sich bewegt, so folgt, dass er sich nur bewegen kann auf Einem Wege, nämlich von der vena cava durch die Herzkammer und nach den Lungen zu durch die

---

1) Three pouch-like, half-moon-shaped valves.

vena arteriosa auf der rechten Seite; und von den Lungen vermittelst der arteria venosa durch die Herzkammer und hinaus
durch die Aorta zur Vertheilung in den Körper auf der linken
Seite. So, sagt Huxley, legte Erasistratus den Grund zur Theorie
von der Blutbewegung (p. 170). Indess einmal ist jene Würdigung
des Erasistratus nicht neu. Schon Kurt Sprengel z. B. sagt [1]):
„Erasistratus sah die Klappen der Hohlvene sehr richtig und legte
ihnen die besonderen Namen bei, welche sie in der Folge behalten
haben. Sie dienten seiner Meinung nach dazu, den Rücktritt des
in das Herz einmal eingedrungenen Blutes zu verhindern." Sodann
ist es doch ein Unterschied, ob man Klappen entdeckt in zwei
„Venen" und zwei „Arterien", oder wie Aquapendente in den
meisten Venen des Körpers [2]). Endlich aber muss Huxley selber
darauf hinweisen, dass von der falschen Voraussetzung ausgehend,
wie in den todten, so enthielten auch in den lebenden Körpern
die Arterien nichts als Luft, Erasistratus auf den Gedanken des
Blutkreislaufes gar nicht kommen konnte, da ja die Luft dem gesammten Körper diene, theils zu seiner Belebung, theils zur Ab-
kühlung seiner übermässigen Hitze. Ich stimme Huxley gerne
bei, dass man dem Erasistratus Absurdität nicht vorwerfen konnte,
sondern nur mangelnde Beobachtung. Allein ein Vorläufer Harvey's oder auch nur Servet's kann er unmöglich genannt werden, da er ja durch seine hartnäckig festgehaltenen Voraussetzungen den Weg zum Blutkreislauf sich selbst verbaut.

Von Galen [3]) bringt Huxley, als von dem Gründer der er-
fahrungsmässigen Physiologie, der genaue und zusammenhängende
wenn auch nicht durchweg gleichmässig richtige Ansichten von
den Funktionen der Organe und von der Bewegung des Blutes gehabt habe (p. 171), Beweise vor für seine Annahme, dass nicht
nur die Venen, sondern auch die Arterien und nicht nur die
rechte Herzhöhle, sondern auch die linke mit Blut angefüllt sei.
Allerdings ist es bei Galen immer nur ein kleiner Theil
(a certain portion) Blut, welcher von der rechten Herzkammer des
Herzens durch die Lunge in die linke Herzkammer geht: der

---

1) Geschichte der Arzneikunde I, p. 543. — Haeser, Geschichte der
Medicin, Jena 1875, I, p. 239.

2) Kurt Sprengel l. c. III, p. 84.

3) Er gibt sein Geburtsjahr und Todesjahr an, hält ihn also nicht für
eine blosse Sagenfigur wie Coradini.

grössere Theil (the greater part) geht direkt durch die
Poren des Septum von der rechten in die linke Kammer. Hätte
er nicht jener falschen Spur (wrong track) gefolgt, so hätte ein
Mann von seiner wissenschaftlichen Einsicht unzweifelhaft (infal-
libly) ein Vorgänger Harvey's werden müssen, d. h. doch, aus
dem vierten hypothetischen Fall in die Wirklichkeit zurück über-
setzt: Galen entdeckte den Blutkreislauf durch die Lungen nicht,
weil er auf falscher Fährte war; eine Fährte, von der er selbst
sagt, nie habe er die Poren des Septum gesehen, da sie aber vor-
handen seien, müssten sie ihrer Feinheit wegen dem beobachten-
den Auge entgehen: denn die Natur mache nichts umsonst (nature
make nothing in vain). Aber was wird aus dem Blut, das bei
Füllung der vena arteriosa die Lungen erreicht? Da dies Blut,
was in den Lungen ist, bei der Ausathmung zusammengepresst
wird, so hat es die Neigung, vermittelst der vena arteriosa in das
Herz zurückzufliessen; aber daran hindert es der Schluss der
halbmondförmigen Klappen. Daher wird ein Theil gezwungen,
einen andern Weg einzuschlagen, durch die Anastomosen in die
arteria venosa; und dann, mit pneuma gemischt, wird er zur linken
Herzkammer geführt, von wo dieser Theil des Blutes vorwärts
getrieben wird durch die Aorta und ihre Zweige über den ganzen
Körper (p. 173). Hier ist nun aber gar nicht abzusehen, warum,
wenn die grosse Menge des Blutes dennoch durch die halbmondförmigen Klappen dringen kann, dann nicht auch der übrige kleine
Theil mit hindurch dringt; oder wenn die Klappe nur jenen Theil
nicht durchlässt, warum sie doch die Menge durchlässt. Man sieht,
Galen hat keine Ahnung von der physiologischen Bedeutung
dieser Klappen und die Richtung, welche jener kleine Theil des
Blutes nach der Lunge nimmt, ist bei Galen durchaus unmotivirt.
Galen, fährt Huxley fort, giebt sich grosse Mühe, einen Experimentalbeweis beizubringen, dass alle Arterien Blut enthalten und
nicht Luft (and not air), wie Erasistratus voraussetzte (p. 172). Huxley zeigt hier, dass er Galen nicht aufmerksam gelesen hat.
Auch nennt er keine einzige Stelle, in der Galen das behauptet,
geschweige beweist. Hätte Huxley, wenn ihm Galen, von dem
er nicht ein einziges Capitel citirt, nicht zur Hand war, wenigstens
meine kleine Abhandlung[1]), die er doch gelesen haben will,

[1) Die Entdeckung des Blutkreislaufes, p. 80.

gespürt habe (had no inkling p. 175). Mir scheint es hingegen, dass, wer die grosse Masse des Blutes (multus sanguis) den normalen Weg durch die mittlere Herzwand (per medium septum) nehmen, und nur einen kleinen Theil des Blutes (portio aliqua sanguinis) sich seitwärts verirren lässt[1]) in die arteria magna, dass der eben nichts anderes vorhabe, als dass er die Natur betreffs des Blutkreislaufs, mag er auch sonst um die Anatomie noch so hohe Verdienste haben, geradezu auf den Kopf stellt.

Ihre Verdienste sollen den Griechen, insbesondere dem Manne von Pergamos in nichts geschmälert werden. Voll und ganz gestehen wir Huxley zu, dass wer einigen Einblick gewonnen hat in die treffliche Methode und das überreiche Wissen Galen's, sich darüber nur wundern kann, wie es bei so unvollkommenen Hülfsmitteln ums Jahr 200 nach Christo möglich war, ein so weites Maass von Erfolg aufzuweisen. Erst in der Mitte des 16. Jahrhunderts war man, sagt Huxley richtig, so weit gereift, um auch auf physiologischem Gebiet, insbesondere in Betreff der Bewegungen des Herzens und des Blutes den Galen verbessern (improve) zu können. Den ersten Schritt nach dieser Richtung hin pflegte man ganz allgemein dem Michael Servet[2]) zuzuschreiben (very generally ascribed). Ohne Frage war Servet wohl bewandert in der Anatomie (well acquainted with anatomy). Indess Huxley fühlt für den Spanier eine gerade so entschiedene Antipathie, wie er für Galen's übermächtigen Genius sich begeistert. Huxley hat die Christianismi Restitutio nicht gelesen[3]), und

---

but of cross currents. This is an exchange: the pulmonary vein discharges its „spirit" into the heart, and brings away fuliginous matters (l. c. p. 423).

1) Gordon l. c. nennt es richtig a casual escape, nicht aber a functional procession.

2) Ueber ihn verweist Huxley auf R. Willis: Servetus and Calvin. London 1877.

3) Sonst könnte er nicht sagen it contains much physiological matter. Mit Ausnahme der einen Stelle über das Herz (p. 169 sq.), der anderen (p. 302 sq.) über das Hirn und der dritten über den Samen (p. 250 sq.) kommt in der Restitutio physiologisches nicht vor. (S. meine Schrift über die Entdeckung des Blutkreislaufes, Jena 1876.) Die Stelle, welche Gordon (l. c. p. 421, N. 3) als interessant für den Uebergang der Physiologie in Psychologie hervorhebt: (Rest. p. 195: Quin aër ipse, quem nos inspiramus, substantialiter unum efficitur cum anima nostra, postquam vitali nostro spiritui

darum ist sie ihm nichts als ein Gemengsel spekulativer theologischer Zerstreutheiten (a farrago of scatterbrained theological speculations p. 176). Wer dem Servet etwas Sonderliches zutraut, der müsse die nöthige Unbefangenheit des Urtheils eingebüsst haben. Und wenn Willis, „in natürlicher Vorliebe für seinen Helden", äussert, dass, falls Servet's Restitutio Christianismi, in die Hände von Anatomen gerathen wäre, der Ruhm Harvey's sich an Servet's Namen geheftet haben würde, so antwortet Huxley, sechs Jahre nach Servet's Tode wurde der Blutkreislauf durch die Lungen von Realdo Colombo veröffentlicht und dennoch blieb die Wirkung aus (p. 176, No. 2). Wer da hat, dem wird gegeben; wer aber nicht hat, von dem wird auch das genommen, das er hat. Galen und Harvey sind Männer von Erfahrung und von Genie: Servet sei ein Wirrkopf. Dass ihn selbst seine Gegner heute für einen der grössten Männer des grossen 16. Jahrhunderts anerkennen, das kümmert Huxley nicht. So muss denn was Servet hat, sei es Galen zugetheilt werden, sei es Harvey. Doch nein, Huxley versichert uns, er habe die fragliche Stelle mit grosser Sorgfalt studirt und mit dem aufrichtigen Wunsche, Servet zu geben, was ihm zukommt (his due): allein er habe nicht sehen können, dass er über Galen weit hinausgeht (that he made much advance upon Galen. 176). Da Galen einen grossen Theil des Blutes durch das Septum gehen lasse und Servet einen kleinen Theil Blut durch das Septum gehen lasse, so sei zwischen beiden nur ein Unterschied des Grades (of degree). Huxley hätte in meiner Abhandlung (S. 79) schon die Antwort gefunden haben können auf seine spätere Einwendung. Denn nicht der hat den Lungenkreislauf entdeckt, der da sagt, neun und neunzig Theile Bluts gehen durch das Septum, ein Theil aber durch die Lunge; sondern der da sagt, neun und neunzig Theile gehen durch die Lunge, ein Theil etwa durch das Septum. Indess mit Recht weist schon Gordou (l. c. p. 423) darauf hin, dass Servet auch nicht einmal von diesem einen Theile den Durchgang durch das Septum behauptet, sondern dass er von diesem einen Theile den Durchgang nur für möglich erklärt. Mit dem licet aliquid resudare possit wolle er keine Concession machen, dahin, dass dem wirklich so sei, sondern gegen den

---

essentialiter adjunctus est, intus in corde) geht weder über Galen hinaus, noch ist sie bestimmt genug gefasst, um physiologisch von Bedeutung zu sein.

volksthümlichen Schluss argumentire er aus den volksthümlichen
Voraussetzungen. Selbst wenn, sagt er, irgend etwas seitwärts
abfliessen könnte von diesem Wege (eine beweislose Annahme,
nach seiner Ansicht), so kann doch das Septum des Herzens
nimmermehr den Durchgang offen halten für jene weite Fluth,
welche kommen möchte, und kann nicht das geringste thun auf
diesem Wege, um das venöse Blut in arterielles auszuarbeiten[1]).
Indess Huxley sucht neue Beweise zu liefern, dass er selbst bisweilen nur citirt, ohne zu lesen. In Betreff der Undurchdringlichkeit des Septum mache, sagt Huxley, Servet's Bemerkung
auf ihn den Eindruck, dass er in Wahrheit nicht mehr davon
wusste, als das, was Vesal schon (already) veröffentlicht hatte:
aber die Tendenz nach weitläufiger Spekulation, die für den Mann
so charakteristisch sei[2]), habe ihn verleitet, dahin sich vorwärts
zu stürzen, wo sein gedankenvoller College zurückhält" (p. 177).
Aus S. 26 meiner 1876 gedruckten Abhandlung hätte sich Huxley
überführen können, dass die Undurchdringlichkeit der mittleren
Herzwand von Vesal in allen den Ausgaben seiner Corporis
humani fabrica nicht behauptet worden ist, welche dem Druck
von Christianismi Restitutio vorangehen; und dass erst seitdem
Servet hat drucken lassen paries ille medius, cum sit vasorum et
facultatum expers, non est aptus ad communicationem et elabora-
tionem illam, nun auch (1555 f.) Vesal nachspricht sinistri ven-
triculi dextrum latus aeque crassum, compactumque ac densum est
enet. Zuletzt kommt auch Huxley auf die so oft gebrauchte und
verbrauchte Phrase zurück, welchen Anspruch Servet auch haben
möge auf den Ruf des Entdeckers des Lungenkreislaufs, so habe
er noch nicht den geringsten Einfluss auf die Wissenschaft geübt,
dank der Zerstörung aller Exemplare der Restitutio durch Calvin,
bis auf wenige (a few copies). Es giebt Fabeln an die man festhält, weil sie pikant sind (ben trovato): da hilft dann alle Widerlegung nichts (will hardly bear close scrutiny). Die Fabel ist gar
zu nett: man braucht die Zurückweisung[3]) nicht erst zu lesen.

---

1) Uebrigens steht licet aliquid resudare possit nicht, wie Gordon
behauptet, at the close of his own lucid exposition, sondern so recht in der
Mitte.

2) Gerade im Gegentheil. Auch hat Gordon schon (l. c. p. 414) richtig
bemerkt, dass Breviloquenz und sentenziöse Prägnanz Servet's charakteristische
Eigenschaften sind. Er vergleicht ihn mit Emerson.

3) S. meine Abhandlung vom Blutkreislauf. Jena 1876, p. 32—38, cf. 69.

Huxley geht nun zu Colombo über. Der ist ihm wieder sympathisch. Macht er, der geschickte Experimentirer und kundige Dissektor, sich doch in ganz anderer Weise (a very different way) als Servet, mit der Frage zu schaffen. Hätte Huxley in meiner Abhandlung die Nebeneinanderstellung des Abschnitts von Servet aus dem Jahr 1553 und des Abschnitts von Colombo aus dem Jahr 1559 (S. 39), eine Zusammenstellung, die sich leicht erweitern lässt, gelesen, Huxley würde sich überzeugt haben, dass der Unterschied in der Behandlung kein anderer ist als der, Servet schreibt vor und Colombo, der Paduaner Anatom, schreibt dem Pariser Anatom, der Paduaner Dissektor dem Pariser Dissektor nach. Huxley wusste noch nicht, dass in den Akten der medicinischen Fakultät zu Paris der Dekan der Fakultät, Jehan Tagault seinem Todfeind Michael Servetus Villanovanus das Zeugniss gibt, er habe ihn gerade, als er ihn aufsuchte, beim Seciren eines menschlichen Leichnams angetroffen (März 1538) [1]. Aber das wusste doch auch Huxley, dass Günther von Andernach den Servet und den Vesal als seine besten anatomischen Gehülfen preist, und das hätte Huxley, falls er auch nur jene eine Stelle im Servet, wie er sagt, sorgfältig durchforscht hätte, sehen müssen, dass Servet sich darin beruft, er sei in anatome exercitatus; spricht davon manifeste percipimus, dann wieder laborantem percipimus, fügt hinzu: vix intelliget, qui locum non viderit: noch einmal laborantem exterius et interius deprehendimus, und zwar so, ut hoc solo experimento ad ipsum mentis locum manu ducamur. Dass seit Realdo Colombo die Entdeckung des Lungenkreislaufs im modernen Sinn festgestellt erscheint (established), beweist Huxley daraus, dass 1579 ein einzelner Mann sich auf Colombo beruft, Ambroise Paré. Man könnte an das Sprüchwort denken: „Eine Schwalbe macht keinen Sommer." Bei Huxley aber erhält Colombo durch den einen Paré den ganzen Credit des sehr beträchlichen Fortschritts über Galen's Anschauungen hinaus (the whole credit of this very considerable advance upon Galen's view's); ja Colombo verwandelt sich ihm in den einzigen Physiologen, zwischen der Zeit von Galen und der von Harvey, welcher irgend eine wichtige Hinzufügung machte in der Theorie des Blutkreislaufs. Welches diese Hinzu-

---

[1] In area nostrae scolae, post dissectum corpus humanum, quod illemet Villanovanus cum aliquo chirurgo dissecuerat.

fügung war, will sagen, eine Hinzufügung über Servet hinaus, vergisst uns **Huxley** zu melden. Und er wird wohl auch keine finden [1]).

Der auf Colombo folgende Prätendent, der berühmte Botaniker **Caesalpino**, findet wieder keine Gnade vor **Huxley's** Gericht. Caesalpin habe nichts hinzugefügt, doch auch für sich nichts beansprucht. Was er von dem Schwellen der geschlagenen Ader an der dem Herzen abgekehrten Seite sagt, dass sei eben dasselbe, was die übrige Welt (the rest of the world) bemerkt habe, seitdem man zur Ader lässt. Wenn dem so wäre, hätte Caesalpin nicht nöthig gehabt hinzuzufügen, dass diese seine Behauptung den allgemeinen Anschauungen widerspreche (inconsistent with the received views). Wäre Caesalpin, sagt **Huxley**, weiter gegangen auf dem eingeschlagenen Wege, so hätte er **Harvey** vorgegriffen; aber er that es nicht (but he did not p. 178).

Huxley hat Recht, wenn er behauptet, dass Joh. Bapt. Canani's [2]) und Hieron. Fabricius von Aquapendente's Entdeckungen der Venenklappen direkt nicht die geringste Aufklärung gebracht haben über den Blutkreislauf.

Welche Förderung die Wissenschaft durch **Harvey** erfahren, erhelle am besten durch einen Vergleich mit seinen unmittelbaren zeitgenössischen Vorgängern. Adrian von der Spieghel schrieb: De humani corporis fabrica L. X, das 1627 erschien. Darin wird zwar der Lungenkreislauf gelehrt, aber auch irrigerweise behauptet, die Pulse in den Arterien seien dazu da, die Blutbewegung zu beschleunigen. Was Spieghel über den Lungenkreislauf weiss, konnte er sehr wohl aus Colombo wissen und aus Servet. Da nun aber **Huxley** von sämmtlichen **Harvey's**chen Zeitgenossen nur den einen, Spieghel, citirt, so scheint hier wieder eine jener höchst gewagten Verallgemeinerungen vorzuliegen, in denen sich **Huxley** so sehr gefällt.

Um nun **Harvey's** Superiorität über seine Vorgänger in's rechte Licht zu setzen, giebt **Huxley** von dem, was man bis **Harvey** glaubte, eine Schilderung, die nicht überall der Wirklichkeit entspricht. So sagt er, alle Vorgänger von **Harvey** stimmen in dem Glauben überein, dass nur ein kleiner Bruchtheil (only a

---

1) Ueber Colombo siehe meine Abhandlungen in **Pflüger's** Archiv, Bd. XXI, 1880, p. 349 ff. und Bd. XXII, p. 262 ff.

2) S. **Kurt Sprengel** III, p. 83.

small fraction) der gesammten Masse des venösen Blutes durch
die vena arteriosa in die Lungen geleitet wird und durch die arteria venosa nach der linken Herzkammer, um von dort vertheilt
zu werden durch den Körper vermittelst der Arterien (p. 180).
Gerade das Gegentheil trifft zu bei Michael Servet[1]). Zum Schluss
wird Harvey's Verhältniss zu Descartes, zu Baco[2]), zu Malpighi
beleuchtet, der Weg gezeigt, wie Harvey zu seiner Entdeckung
gekommen ist, insbesondere, dass aus den Venenklappen, ohne
Beobachtung bei der Vivisektion, der Blutkreislauf nicht mit Noth-
wendigkeit gefolgert werden könnte, wie denn überhaupt ohne
wiederholte und zahlreiche Vivisektionen[3]) diese wichtigste
aller physiologischen Entdeckungen unmöglich war (p. 189). Ge-
winnt in unserem Jahrhundert die Sentimentalität das Regiment,
dann heisst es, Finis Physiologiae. Aber nicht nur das, sondern
auch des lieben Verbrechers gerichtliche Bestrafung nimmt ein
Ende, der Dienst der armen Pferde vor den Kutschen hört auf;
das Fleischessen wird eine Grausamkeit; die Jagd eine Barbarei[4]).
Unter solch einem Regiment der Sentimentalität möchte Huxley
nicht leben; lieber, sagt er kräftig zum Schluss, mit dem Normann
in der Hölle sein mit den braven Altvodern, als im Himmel mit
solch einem neuen Geschlecht" (p. 190). Und darin stimme ich
Huxley bei: denn Sentimentalität ist die Carrikatur der Liebe,
und wo die Liebe carrikirt wird, da wird Gott selber carrikirt.
Ein Geschlecht von Sentimentalisten gräbt sich selbst das Grab.
Alle grossen Physiologen, Galen, Columbus, Harvey sind Vivisektoren gewesen (p. 188). Ich füge hinzu, auch Vesal und vielleicht auch sein Mitschüler und College Michael Servet.

VI. Huxley's Aufsatz ergänzt sich aus einem nach Angabe der
Times (29. Jan.) 1878 in der ersten Jahressitzung der Royal In-

---

1) S. Entdeckung des Blutkreislaufes, Jena 1876, p. 3 ff.

2) Bacon's ignorance of the progress which science had up to that
time made, is only to be equalled by his insolence towards men in compa-
rison with whom he was the merest sciolist (Stümper p. 184).

3) It may be that those are right who say, perish the human race,
rather than let a dog suffer etc. (p. 188).

4) To say nothing of the indirect dyspeptic sufferings of the vultures
and wolves, which are tempted by our wickedness to overeat themselves
(p. 190).

5) If he lived now, so würde man give him the legal status of a burg-
lar (Nachtdieb p. 189).

stitution über die Entdeckung des Blutkreislaufs von Professor
Huxley gehaltenen Vortrag. In diesem Vortrag knüpfte Huxley an einen vorgelegten Grundriss (a diagram showing the circulation of the blood) an, unterschied bei der Wissenschaft vom
Blutkreislauf vier Stücke. 1) die Kenntniss von der Struktur der
betreffenden Theile; 2) die Kenntniss vom Inhalt der verschiedenen
Theile; 3) die Kenntniss von dem Lauf der Bewegung des Bluts;
4) die Kenntniss von der Ursache der Bewegung. Die beiden
ersten Stücke liess Harvey in dem Zustand, wie er sie vorfand.
Von Nr. 3 gab er einen vollständigen Experimentalbeweis, in dem
er zeigte, dass die Bewegung des venösen Bluts gerade nach der
entgegengesetzten Richtung geht, als man vorher annahm. Betreffs Nr. 4 war er der erste, welcher den Mechanismus des Herzens verstand. Auch macht Huxley hier darauf aufmerksam,
dass sich in unsere Nomenklatur ein Irrthum eingeschlichen hat,
indem wir von dem Lungenkreislauf (pulmonary circulation) und
von dem systematischen Kreislauf reden (the systemic circulation).
Vielmehr sollten wir vom Lungen Halbkreislauf reden und vom
systematischen Halbkreislauf [1]). Denn ein vollständiger Kreislauf irgend eines Theils des Bluts ist sein Lauf von der Stelle,
von der es aufsteigt (whence it started) bis zurück wieder zu
derselben Stelle [2]). Die Darstellung der Vorläufer Harvey's dif-
ferirt im Vortrag etwas von dem Aufsatz. Im Aufsatz hiess es
von Aristoteles (F. Rev. p. 168); „Aristoteles' Beschreibung vom
Herzen ist oft citirt worden als ein Beispiel seiner Unwissenheit:
ich glaube mit Unrecht. Doch wie dem auch sein mag, es steht
fest, dass nicht lange Zeit nach ihm grosse Zusätze gemacht wurden zu der anatomischen und physiologischen Kenntniss." Im
Vortrag dagegen heisst es: „Wenn wir uns unserer heutigen No-
menclatur entäussern und die altgriechische annehmen, so werden
wir finden, dass er einen sehr richtigen Begriff von der
Construktion des Herzens hatte (he had a very correct notion

---

1) We should rather speak of a pulmonary half circulation and a
systemic half circulation.

2) For the blood, sagt Huxley in der Fortnightly Review l. c. p. 181,
which traverses this part of his course (from the right ventricle through
the lungs to the left ventricle) no more describes a circle, than the dweller
in a street who goes out his own house, and enters his next-door neighbours
does so.

of the structure of the heart)". Das ist einfach falsch. Schon aus Kurt Sprengel (I, 460) hätte Huxlex lernen können, dass das Herz nach Aristoteles bei allen grösseren Thieren drei Höhlen hat: Die grösste zur rechten oberwärts, die kleinste zur linken, die von mittlerer Grösse in der Mitte; alle drei Höhlen gegen die Lungen hin geöffnet, aber die Oeffnungen sind zu klein und unsichtbar, eine ausgenommen. Aus der mittleren Höhle entspringt die Aorta. Genügte aber Sprengel Herrn Prof. Huxley nicht, so konnte er sich aus Geoffroy: L'anatomie et la physiologie d'Aristote (1878 Arcis sur Aube) quellenmässig belehren lassen, wie grundfalsch des Aristoteles Begriff von der Struktur des Herzens ist. Eine andere Differenz zwischen Huxley's Aufsatz und Vortrag ist, dass er im letzteren von Michael Servet, dessen Geburtsjahr irrig auf 1509 angegeben wird, sagt, er habe gezeigt, dass Galen im Irrthum war betreffs der Perforation des septum; eine andere Förderung unserer Kenntniss (advance our knowledge) habe Servet nicht gebracht. Hier wird also Servet, nicht Vesal, als der bezeichnet, welcher seit Galen zuerst die Undurchdringlichkeit der mittleren Herzwand gelehrt hat. Und das ist richtig. Endlich eine dritte Differenz mit dem Aufsatz ist die, dass, während in jenem Malpighi kaum gestreift ist, es hier heisst: Eins versäumte Harvey: Das holte später Malpighi (1628—1694) nach, indem er die Cirkulation in einem Froschbein beobachtete und nachwies, wie das Blut in den feinen Gefässen vom ateriellen System zu dem venösen übergeht. Man sieht, geradezu Neues bringt auch der Vortrag Huxleys nicht.

VII. Die geistvolle, anregende Vorlesung Robert Jenkins, rector of Lyminge's, zum dreihundertjährigen Geburtstage Harvey's (zu Folkestone) über Harvey und seinen Ruf als Entdecker [1]), enthält viel schöne Gedanken, manch neue Data, jedoch auch mancherlei Irrthümer. Ein Irrthum ist es zunächst, dass der Paduaner Professor Petrus de Apono, den Jenkins (p. 3) als einen der ersten Vorläufer Harvey's begrüsst — bekanntlich ist er 1250 geboren — um seiner Studien über die Herzfunktionen willen vor die Inquisition citirt, der Magie angeklagt und während des schwebenden Prozesses als Märtyrer für die medicinische Wahrheit, achtzigjährig dem Tode erlegen ist. Der bekannte Commen-

---

1) Harvey and his claims as a discoverer. London 1878, 23 pagg.

tator des Joh. Mesue war grosser Astrologe, und, weil seine Vorhersagungen im Guten wie im Bösen oft eintrafen, wurde er der Hexerei verdächtig und um seiner Freigeisterei willen hart verfolgt, nach seinem Tode aber freigesprochen [1]. Gewiss giebt es, darin hat Jenkins recht, eine Art prophetischer Anticipatoren Harvey's, die man vollauf erst würdigen konnte, als ihre lange unverstandene Prophetie sich in Harvey erfüllt hatte. Auch ist es gut, dass man nicht müde wird zu wiederholen, wie, so lange die Wahrheit eine streitende war und die Rache nicht nur des Alterthums, sondern auch der modernen Wissenschaft seitens ihrer Widersacher gegen sie aufgerufen wurde und so lange die zahlreichen Anbeter Galen's, unter dem Vortritt der Parisanus [2]), Plempius [3]), Primerosius [4]), Piso [5]) und anderer, auf den Entdecker Hetzjagd machten und seine Entdeckung, wie der letztgenannte der Polemisten sagt, als „eine Neuerung, die nicht nur den Alten unbekannt war, sondern auch fälschlicherweise von (andern) modernen Schriftstellern" ausgegrübelt worden ist, denuncirten, dass so lange kaum jemand darauf anzuspielen wagte, als ob Harvey nicht der erste Antragsteller (propounder) gewesen sei. Aber seitdem die Wahrheit mit dem Ende des 17. und am Anfang des 18. Jahrhunderts fest gegründet war, wurden aus jeder Zeit und jedem Ort Bewerber (claimants) hervorgesucht. Das Buch Hiob und Schriften des Aristoteles, der Timaeus des Plato und unzählige andere Quellen wurden durch „neidische" Kritiker (envious critics) durchforscht, um den wirklichen Entdecker des Lohns seiner Arbeiten zu berauben. Und doch, sagt Jenkins, blieben jene alle bei den sogenannten Lebensgeistern stecken, bis erst Harvey auf Levit. 17,2 zurückging: „Des Menschen Leben ist im Blut". Das sei das Licht, das da scheinet an einem dunklen Ort; und es sei wunderbar, dass man von dichten Finsternissen umnebelt, diesem Lichtschein nicht früher nachgegangen sei (p. 9). Jenkins hat weder Flourens noch Servet noch Harvey gelesen.

------

1) S. Jöcher, Gelehrten-Lexikon. Vgl. Haeser, Gesch. d. Medicin. 2. Aufl. Jena 1875. p. 316.

2) Aemilius P. (Jenkins fälschlich Parisinus) c. 1633.

3) Vopisc. Fort. Pl. 1601—1671.

4) Jacob Pr. 1630 sq.

5) Homobonus Piso.

Nicht Flourens gelesen [1]), denn der weist (p. 158, 156, 206) darauf hin, wie Servet es ist, der, dem buchstäblichen Sinn ergeben, aus den Bibelstellen Genes. 9, Lev. 17 und Deut. 12 argumentirt; nicht Servet gelesen, denn dessen ganze Argumentation geht darauf hin, physiologisch die Bibelwahrheit zu erweisen: „Des Menschen Leben ist im Blut"; nicht Harvey gelesen, denn der ist zu allen Zeiten ein Anhänger der Geister, wie wir oben von neuem erwiesen haben. Auch sehe ich darin für Harvey keine Schmach. Es war ein Mann seiner Zeit. Und wenn wir das betonen, liegt uns nichts ferner, als neidische Kritik zu üben, um Harvey's Grösse herabzusetzen. Vielmehr freuen wir uns auch des Guten, das Jenkins von Harvey bringt.

Zunächst weist Jenkins auf fünf Hindernisse hin, welche Harvey's Entdeckung finden musste.

1. Die umfassende abergläubige Unwissenheit betreffs eines jeden Organs im menschlichen Bau. Als Beispiel dient ihm eine Cabinetsordre König Eduard VI, in der 25 Jahr vor Harvey's Geburt, Herz und Lunge als ornamentale Ueberflüssigkeiten betrachtet werden.

2. Das volksthümliche Vorurtheil gegen Sektionen und besonders gegen Vivisektionen. So sei in der neueren Zeit Marcus Antonius Turrianus (della Torre) zu Padua um 1500 der erste gewesen, dem gestattet wurde, vom Senat zu Venedig hingerichtete Verbrecher zu seciren (p. 6). Der erste ist er ja nicht. Mondino di Luzzi, um 1314 Professor in Bologna, hat secirt, die Aerzte von Perugia haben 1343 die Opfer des schwarzen Todes secirt, u. a., um zu geschweigen, dass 1376 der Herzog von Anjou den Aerzten von Montpellier gestattete, Hingerichtete zu seciren [2]); und schon 1238 Kaiser Friedrich III. den Aerzten von Salerno befahl, alle fünf Jahre öffentlich eine Leiche zu seciren. In der Universität Prag wurden seit ihrer Gründung, im Jahre 1348, menschliche Leichen zergliedert; seit 1460 begannen auch regelmässige Vorlesungen auf der Anatomie. In Wien wurden allerdings von 1404—1498 nur 9 menschliche Leichen zergliedert. Für Tübingen datirt die päpstliche Erlaubniss zu menschlichen Sek-

---

1) Hist. de la découverte de la circulation du sang. p. 158, 156, 266.

2) S. Haeser, Geschichte der Medicin. Jena 1875, I, p. 783 ff.

3) Vergl. auch meine Abhandl. in Virchow's Archiv: Das Studium der Medicin 1340 u. 1533, p. 74 ff., 1880, Bd. 80. p. 74. ff.

tionen vom Jahre 1482. Barthol. Montagna, Professor zu Padua
(† 1460) hatte selber 14 Leicheneröffnungen verrichtet[1]), mehrere
auch sein Paduaner College Leonard Bertapaglia († 1460)[2]). Be-
rengar von Carpi soll schon in Bologna (1502—1527) über hundert
menschliche Leichname zergliedert haben[3]) u. s. w. Ich geschweige,
dass die durch das ganze Mittelalter seitens der Aerzte den Chirurgen gemachten Vorwürfe beweisen, dass menschliche Sektionen
von ihnen vorgenommen worden sind. Jenkins irrt sich hier.
Dennoch aber steht fest, dass in der Christenheit lange Jahrhun-
derte die menschliche Sektion als ein Attentat gegen die Auf-
erstehung des Leibes galt. Allerdings standen die Anatomen des
Alterthums darin günstiger. Jenkins berichtet (p. 6), Herophilus[4])
habe siebenhundert Mann lebendig secirt (vivisected seven hundred
men) (p. 6). Bekanntlich stammen Jenkins 700 aus den 600
(sexcentos), die der christliche Kirchenvater Tertullian dem
grausen Heiden vorwirft. Und die 600 des Tertullian stammen
aus der vergrössernden Volkssage, die an das Wort des Celsus
anknüpft, Herophilus habe Verbrecher oft lebendig secirt. Galen
aber spricht nur davon, dass Herophilus in der Sektion den
höchsten Gipfel der Vollkommenheit erreicht habe[5]). Recht aber
hat Jenkins wieder, dass die gelehrten Ausleger der Aphorismen
des Hippocrates und der Ars parva des Galen gemeinhin es für
entwürdigend hielten, Sektionen vorzunehmen, und das, wo es
nöthig erschien, den Barbieren und Chirurgen zu überlassen pflegte.
Selbst in Padua, der ältesten und berühmtesten medicinischen
Schule in Europa, wurde, sagt Jenkins, die Professur der Anatomie erst in den Tagen des berühmten Hieronymus ab Aquapendente gegründet im Jahre 1565 (p. 6). Unrichtig wieder ist
hier, dass Padua die älteste medicinische Schule sei. Salerno,
eine Stiftung der Benediktiner, war schon, um von Monte Cassino
selbst zu geschweigen, seit dem 8. Jahrhundert in medicinischer
Rücksicht berühmt[6]). Zur förmlichen Universität erweitert wurde
sie 1075, während Padua erst 1222 gestiftet, 1228 privilegirt

---

1) Kurt Sprengel II, p. 671.
2) l. c. II, p. 681.
3) l. c. III, p. 51.
4) Jenkins nennt ihn Hierophilus.
5) S. Kurt Sprengel I, p. 533 ff.
6) Kurt Sprengel II, p. 493 ff.

worden ist, also erst siebenundachtzig Jahre nach Oxford, siebenzig Jahre nach Bologna, neunzehn Jahre nach Cambridge und Paris, achtzehn Jahre nach Valencia, neun Jahre nach Neapel, sieben Jahre nach Montpellier u. s. f. [1]). Dass aber in Padua erst 1565 eine Professur für Anatomie errichtet sei, in Padua, wo schon 1490 durch den Professor Alessandro Benedetti ein anatomisches Theater gegründet wurde [2]) und im 15. und 16. Jahrhundert so viel berühmte Anatomen lehrten, das beruht jedenfalls auf einem Missverständniss. Denn wenn man von Montagna, Bertapaglia, della Torre, Vesal, Colombo u. a. absehen wollte, so wird von dem 1562 verstorbenen Gabriel Faloppia berichtet, er habe in Padua „die anatomische Lehrstelle bekleidet" [3]). Wer hier Jenkins in die Irre geführt hat, ist mir unbekannt.

3) Als drittes Hinderniss für Harvey's Entdeckung führt Jenkins (p. 6) sehr richtig an die blinde Unterwerfung (devotion) unter die Dekrete Galen's, so dass Originalität Ketzerei wurde und Widerspruch Verbrechen. Undenkbar erschien es, wie die ärztliche Kunst verbessert werden sollte, da sie ja seit Galen abgeschlossen und vollendet sei. Sehr willkürlich aber ist es, dass Jenkins den Jakob Sylvius, bloss weil schon Vesal, sein Schüler, gegen Galen auftritt, als den Gipfel der Galenolatrie betrachtet (p. 7). Jedenfalls war Galen's Theorie von den Lebensgeistern, die dem Herzen erst seine Hitze geben, sehr hinderlich, ebenso wie die andere, dass die durch die Lunge zugeführte Luft blasebalgähnlich wirke ad eventandum et refrigerandum. Noch 1670 schreibt Thomas Willis die Hitze des Blutes der Lebensflamme zu.

Diese Lebensgeister-Tradition formulirt Jenkins als 4. Hinderniss. Erst Harvey erklärte sie für die gewöhnliche Zuflucht der Pfuscher, so oft ihnen Gründe fehlen. Es war die opinio decantata et ab omni aevo recepta, wie Jac. de Back 1649 erklärt [4]). Das 5. Hinderniss war der Mangel aller für die schärfere Beobachtung nöthigen Instrumente. Harvey beruft sich ad res minimas discernendas nur auf das perspicillum, d. i. das Ver-

---

1) Graesse, Das 16. Jahrhundert. Leipzig 1852, p. 14 ff.
2) Haeser II, p. 26.
3) Kurt Sprengel III, p. 60.
4) Dass auch Harvey selber die Lebensgeister bis an sein Ende nicht los wird, sahen wir.

grösserungsglas (magnifying glass). Auf welche Stufen der Erkenntniss hat uns allein das Microscop erhoben! Wir bewundern
den Athanasius, sagt Jenkins p. 8, weil er allein stand gegen
eine Welt von Hindernissen. Gerade so erging es, sagt Jenkins,
Harvey. Und wir könnten hinzufügen, gerade so dem Manne
der Scheiterhaufen [1]), Michael Servet.

Doch auch Jenkins kommt nunmehr auf jene lange Folge
von grossen Männern (great men) zu sprechen, die nicht in Person,
sondern durch ihre nachgeborenen Advokaten, den Ruf, die Idee
des Blutkreislaufs vor Harvey gehabt zu haben, erheben. Von
Plato zu Gregor von Nyssa, von Theodoret's († 457) natürlicher
Theologie bis zu Thomas Aquin ist von Blutlauf die Rede wie
von Ebbe und Fluth, was doch nichts weniger gleicht als einem
Rundlauf. Jenkin's Deutung der Worte des Aquinaten: habet
quendam motum circularem ist für den unverständlich, der nicht
den Zusammenhang kennt, in dem circularis nichts anderes heisst
als: sich ununterbrochen wiederholend. Unmittelbar an
Thomas Aquin reiht Jenkins einen Mann, den man nicht gewohnt
ist, unter den Vorläufern Harvey's zu finden. Es ist niemand
anders als „der grosse italienische Reformator" Hieronymus
Zanchi. Jenkins weiss von ihm mehr und wieder auch weniger
als andre. Jenkins weiss nicht, dass Zanchi jünger ist als
Servet. Der Italiener ist 1516, der Spanier 1511 geboren; Michael † 1553, Hieronymus 1590. Jenkins weiss auch nicht, dass
Zanchi den Michael Servet kennt, und sowohl in seinen Briefen
als besonders auch in seinem Buch de uno vero Deo als Samo-
satenus, blasphemus refutirt [2]). Jenkin's weiss nicht, dass Zanchi
erst zu schriftstellern anfing, als Servet damit aufhörte. Sollte er
also besondere physiologische Weisheit offenbaren, so hat sie Servet
sicher nicht von ihm gelernt, sondern eher umgekehrt. Doch nein,
Zanchi sagt, er habe seine Weisheit von Servet's Studiengenossen,
Vesal und von Servet's Lehrer, Schüler und Widersacher, Melanch-
thon. Doch was hat er da gelernt? Er sagt irgendwo [3]) — Quellen
citirt Jenkins nicht — „das Herz theile Leben den Gliedern mit

---

1) In Paris drohte ihm einer. Ein anderer in Vienne. Der dritte in
Genf. Von Basel, Strassburg, Charlieu zu geschweigen.

2) Opp. theolog. T. I, 12 sq. 265. 274, 374 sq. 451. — cf. T. VI, P. II
p. 96 al.

3) Doch wohl in den prolegomena ad physicam?

und die Glieder ihrerseits geben Leben an das Herz zurück." Wahrlich, um diese elementare Weisheit zu lernen, brauchte er nicht erst den Servet aufzuschlagen. Das hätte er allenfalls auch schon aus Aristoteles, Hippocrates und Galen lernen können. Doch selbst Jenkins ist mit Zanchi nicht sehr zufrieden, weil .... auch er noch ein Anhänger der „Lebensgeister" ist.

Jetzt kommt Jenkins zu dem gelehrten und unglücklichen Servet (learned and unfortunate). Jenkins spricht hier nach, was im Jahre 1847 Dr. Robert Willis ihm vorgesprochen hat und weiss nicht, dass derselbe Willis das zurückgenommen hat 1877[1]) und 1878[2]). Doch während wir aus Jenkins nur das von Dr. Willis selbst widerlegte Resultat erfahren, dass es sich bei Servet nicht um den Lungenkreislauf handle, sondern nur um Erzeugung des Lebensgeistes, so lernen wir, wenn wir den Willis von 1847 selber fragen, mit welchen Voraussetzungen Willis damals, wo er den Servet nicht kannte, an jene lose ausgehobene Stelle der Restitutio heranging. Servet war ihm damals ein grosser Ignorant (profoundly ignorant himself): denn, obwohl zum medicinischen Beruf erzogen (educated), hätte er ihn längst aufgegeben zu Gunsten der Gottesgelahrtheit (for divinity) und sich seiner alten anatomischen Kenntnisse nur noch, um theologische Dogmen besser damit zu beleuchten (as means of illustrating a theological dogma), bedient[3]). Später hat sich Willis, durch meine Quellenstudien unterwiesen, in Leben und Werke des Spaniers vertieft und nunmehr selber vom Gegentheil seiner früheren Ansicht überzeugt, da ja der theologische Schriftsteller von 1531 und 32 seit 1534 in Lyon und Paris Medicin zu studiren begann und seitdem in Charlieu und Vienne keinem anderen Berufe obgelegen ist bis an seinen Tod, als der medicinischen Praxis. Indess während Willis, der bisweilen leichtfertig arbeitete, den Servet seine Weisheit von der Undurchdringlichkeit der mittleren Herzwand 1553 ohne weiteres aus Vesal's Werk von 1555 schöpfen lässt (p. 56), redet Jenkins von dem grossen Schritt, den Servet zuerst gemacht habe[4]), indem er darauf hinwies: Fit autem com-

1) Servetus and Calvin, p. 206—214.
2) William Harvey, p. 70—86.
3) The Works of William Harvey 1847, p. 58.
4) Yet Servetus made one grand step in the direction of the circulation, which none, as far as I can discern, had made before him.

municatio haec non per parietem cordis medium, ut vulgo credi-
tur, sed longo per pulmones ductu (p. 10). Den Beweis Vesal
gegenüber freilich bringt Jenkins nicht und kennt ihn auch
nicht (1878), obwohl ich ihn doch schon 1876 erbracht hatte [1]).
Von Realdus Columbus und Caesalpin behauptet Jenkins,
sie hätten wenig weiter gesehen als Servet (p. 10). Worin der
Fortschritt der beiden Italiener bestanden habe, lässt Jenkins
unberührt. Als Vertheidiger Caesalpin's nennt er Dr. Ceradini
aus Pisa — bekanntlich ist er in Genua Professor — und wirft
ihm vor, er verfahre mit grosser Zudringlichkeit und selbst Leiden-
schaft[2]). Doch sei Ceradini so wundervoll abgewiesen worden (so
admirably refuted) im Lancet (Nov. 1876, Jan. und Febr. 1877),
dass Jenkins hier darauf nicht weiter einzugehen brauche. Auch
sei es schon an und für sich fraglich, ob Harvey bei seinen
tiefen religiösen Ueberzeugungen (with his deep religious convic-
tions) dem Urtheil eines Mannes irgend ein Gewicht beigelegt
hätte, der, nach Tennemann's Geschichte der Philosophie, Gott
für die Substanz der Welt hielt, ihn mit der universalen Intelli-
genz, ja mit dem Gemüth der individuellen Menschen und selbst
der Thiere identificirte und ihn sogar die Existenz der Dämonen
setzen liess. Auch soll er gelehrt haben, die Menschen wären
erzeugt worden wie das Geschmeis, aus verwester Materie[3]). Ich
glaube, dass man theologisch-philosophische Fragen nicht in physiologische Abhandlungen mischen sollte. Auch halte ich Harvey
für einen zu guten Arzt, um nicht von jenen Dingen abstrahiren
zu können und die Gründe seiner Collegen vorurtheilsfrei zu prüfen an der Erfahrung des Lebens[4]). Wollte aber Jenkins über

---

1) Entdeckung des Blutkreislaufs, Jena 1876. S. 26 ff.

2) Caesalpinus, whose claim has lately been urged with so much im-
portunity and even passion by Dr. Ceradini of Pisa.

3) Zedler (Universal-Lexikon 17—1750), Jenkin's Quelle, redet nur
von den „ersten" Menschen, und fügt hinzu: „Wenn man seine Schriften
selbst ansieht, so findet sich dergleichen nicht." Caesalpin mag einfach fest-
gehalten haben an Genes. 2, 7: „Gott machte den Menschen aus einem
Erdenkloss."

4) Und wie? wenn Tennemann den Caesalpin nur missverstanden hätte?
Wenn Caesalpin auch darin nur den Servet copirt hätte? Wenn es nur die
Feinde wären, die bei Caesalpin, wie es bei Servet schon Calvin that, die
(dem Spinozismus verwandte) Form bemäkelten, in der jene Männer bekannte
unumstössliche Wahrheiten ausgedrückt haben?

Caesalpin's philosophische Ansichten sich ein Urtheil bilden, ohne seine Werke zu studiren, so hätte die Billigkeit wohl empfohlen, doch auch solche Schriften zu lesen, wie die des Prof. Maggiorani, die vom kirchlich-positiven Standpunkt aus den Philosophen Caesalpin warm empfehlen [1]).

Jenkins sagt sehr richtig, dass, obwohl Caesalpin's Quaestiones peripateticae 1571 [2]) und sein de Plantis 1583 erschien, man „in der Welt" bis auf Harvey nichts gemerkt habe, dass der Blutkreislauf entdeckt worden sei, während sich mit Harvey's de motu cordis in der ganzen medicinischen Welt ein Schrei des Entsetzens erhebt über das unloyale Verfahren gegen Galen und das gesammte Alterthum [3]). Und obwohl Harvey, meint Jenkins, unter seinen Zeitgenossen vielleicht der letzte war, ein umfangreiches philosophisches Werk zu lesen — Jenkins kennt Harvey's New principles of philosophy nicht, — so erdreiste sich Ceradini zu behaupten, Harvey habe nur das Verdienst, die Lehre aus Caesalpin's umfangreichem Bande herausgegraben zu haben (disentombing). Wie? wenn nun Sieveking oder ein genauerer Kenner der entsetzlichen Handschrift Harvey's die Sieveking'sche Lesart in Harvey's handschriftlich vorhandenen Vorlesungen bestätigte, dass Harvey dennoch den Caesalpin gelesen hat und als Autorität den Caesalpin selbst citirt? Ebensowenig Beweiskraft hat Jenkins weitere Bemerkung, dass, wenn Caesalpin, der bis 1603 zu Pisa und Rom Anatomie lehrte, den Blutkreislauf entdeckt hätte, er doch sicher die Ehre (honour) der Entdeckung dem Colombo und Padua missgönnt und für sich und Rom beansprucht hätte. Hier widerlegt sich Jenkins selbst, da er ja auf derselben Seite (p. 11) gezeigt hat, dass noch 1628 jene Entdeckung gar keine Ehre brachte, sondern nur den Vorwurf von empörender Auflehnung gegen die dem Alterthum schuldige Pietät [4]). Wäre Caesalpin's Theorie in der That die richtige gewesen, dann hätte man, vermuthet Jenkins, lange vor Ceradini jene injuriöse Inschrift (injurious inscription) — gegen Harvey — verfasst

---

1) Inaugurazione della lapide ad Andrea Caesalpino. Roma 1876.
2) cf. Haeser: Gesch. der Medicin III. p. 12. — Kurt Sprengel III, p. 14, giebt 1588 an.
3) in which Cesalpini would be included.
4) Auch p. 15 sagt Jenkins: for heresy indeed it was, until the time of Harvey.

(anticipated p. 11). Dass auch dies Argument nicht zieht, sollte Jenkins aus der Gelehrtengeschichte wissen. Kopernikus, Galilei, Gutenberg, Servet haben erst in unsern Tagen ihre Statuen erhalten. Calvin hat bis heute keine. Jenkins erinnert nun mit Willis daran, dass Harvey's Werk einen Doppeltitel habe de motu cordis et sanguinis. Zunächst zeige er, dass das Herz das Mittel ist, durch welches der Kreislauf bewirkt wird. Er zeige sodann, dass es nur Eine Art Blut giebt, die den Arterien und Venen gemeinsam ist. Fänden sich nun schon im ersten Stück keine anderen als zufällige Aehnlichkeiten (casual resemblances), nirgend aber eine Gleichheit in Plan und Struktur des Werkes oder in den Argumenten der Vorgänger: — und doch hat für den Lungenkreislauf schon Servet dieselben Argumente, wie Harvey — so stände er, sagt Jenkins, gegenüber dem zweiten Stück in seiner Originalität und Vollendung ganz allein.

Allein es gab auch für die Blutbewegungslehre gewissermassen unbewusste prophetische Anticipationen. Wie für die Herzbewegung das Entscheidende die Erkenntniss von der Bedeutung der undurchdringlichen mittleren Herzwand, so ist für die Bewegung des Blutes das Entscheidende die Erkenntniss der Bedeutung der Venen-Klappen. Auf diesem Wege treffen wir bei Jenkins einen Mann, der sonst oft übersehen worden ist, Amatus Lusitanus, einen jüdischen Arzt, der im selben Jahre, wie sein hispanischer Landsmann Michael Servet, geboren ist (1511). Dr. Hermann Adler, der Sohn des Oberrabbiners, Jenkins gelehrter Freund (my learned friend), theilt ihm mit, dass in Steinschneiders Hebräischer Literatur Amatus als derjenige genannt werde, welcher zuerst die Klappe der ungeformten Vene (the valvet of the unformed vein) beobachtet habe und so der Entdeckung des Blutkreislaufs sehr nahe getreten sei. Nun ist ja freilich der Amatus Lusitanus so unbekannt nicht, wie Jenkins uns glauben machen möchte. Kurt Sprengel citirt ihn vier Mal (III, 205, 273, 308, 575), berichtet über sein Leben und seine medicinischen Erfolge, kritisirt seine pythagoreisch-kabbalistische Tagewählerei, meldet aber allerdings von seiner Beobachtung der Venenklappen nichts. Auch Baas (Grundriss, Stuttg. 1876, S. 332 fg.) kennt den Joao Rodriguez da Castello bianco wohl, reiht ihn als Amatus Lusitanus darum unter die Italiener, weil er, der Convertit, seine jüdische Nationalität verschweigend, in Ferrara lehrte, und brandmarkt ihn (S. 325) als Astrologen. Haeser, der hinzufügt, dass Amatus wieder zum Judenthum zurückgekehrt ist, führt als des Vielgereisten erste Schrift Curationum medicinalium Centuriae VII. Florenz 1551, an (T. III, 138). Morejon nennt noch (II, 351) von ihm de secanda vena in pleuritide 1550. In Betreff der Syrupe nimmt Lusitanus 1551 eine ähnliche Stellung ein, wie sein astrologischer Landsmann Servet in seiner Schrift Syruporum universa ratio, die schon fünf Auflagen erlebt hatte drei Jahre ehe Amatus seine Centurien herausgab. Ob Amatus auf seinen Reisen durch Frankreich und Italien — er starb 1562 — mit Michael Servet zusammengekommen, bez. befreundet gewesen ist, darüber fehlen uns die Urkunden. Betreffs der Venenklappen bemerkt Jenkins richtig, dass schon Galen sie kannte, und Sylvius, sein Commentator, sich das so zu Nutzen machte, dass Riolan verleitet wird, ihm die Entdeckung zuzuschreiben (p. 12). Jedenfalls war es nicht Amatus Lusitanus, der dem grossen Harvey oder auch nur dem unglücklichen Servet in der Blutbewegung den rechten Weg gezeigt hätte.

Harvey selber schrieb bekanntlich die erste Beschreibung der Venenklappen seinem Paduaner Lehrer Hieronymus ab Aquapendente zu (p. 14); ein Beweis, dass nicht bloss Servet den Galen nicht so kannte, wie wir heute, sondern selbst Harvey nicht. Mit Recht bemerkt Jenkins, dass in Padua zu Joh. Bapt. Montanus' Zeit (1530—1551) noch Galen unbestritten das Regiment führte. Von Paolo Sarpi, dem andern Paduaner Freund Harvey's, nimmt Jenkins an, dass ihm Aquapendente erst seine Wissenschaft von den Venenklappen dankte, dass er aber vom Blutkreislaufe nichts gewusst habe, weil sein Bewunderer Asselineo davon nichts wusste, noch Aquapendente, der peritissimus anatomicus et venerabilis, dem er doch all sein Wissen in anatomischen Dingen mitzutheilen pflegte. Jenkins folgt hier blindlings Sarpi's Freund, Fra Fulgenzio. Warum man aber an Fulgenzio's Freundesbericht eine scharfe Kritik üben und hier Harvey gegen Fulgenzio Recht geben muss, das habe ich schon 1876 (Die Entdeckung des Blutkreislaufs S. 41—45) gezeigt. Doch darin hat wieder Jenkins Recht, dass Aquapendente's Lehre von den Venenklappen mehr wie irgend eine andere seinen englischen Schüler sehr gefördert hat auf dem Wege, die Bewegung des Blutlaufs zu verstehen (p. 15).

Im übrigen Theil seiner Rede geht nun Jenkins auf Harvey's klassisches Work selber ein (p. 16 ff.) und schildert die Folgen, die es hatte, den Widerstand und die Anerkennung, die es fand. Wir haben gesehen, dass weder alle von Jenkins aufgeführte sog. Thatsachen der Wirklichkeit entsprechen noch auch alle seine Argumente Beweiskraft haben. Insbesondere stützt er sich Servet gegenüber nur auf Willis Thesen, die von Willis selber dreissig Jahre später als durchaus irrig öffentlich zurückgenommen worden sind. Innerhalb dieser Beschränkungen, aber auch nur so, stimmen wir Jenkins These bei, dass, wer auch immer in dieser grossen Controverse als Zeuge oder Nebenbuhler vorgefordert worden ist, nichts gethan hat, als einen Fussweg (pathway) vorzuschlagen, um aus jener Finsterniss herauszukommen, einer Finsterniss, welche der Induktivbeweis und die Experimentalforschung vertreiben konnte, um Licht zu verbreiten auf der Landkarte der physischen Geographie (p. 9). Und insofern geben wir Harvey Recht, wenn er 1651 an Paul Marquart Schlegel schreibt: Schon das Alterthum kannte den Blutkreislauf, aber seine Vorstellung darüber war noch wirr und ungeordnet; er habe erst die sichern und nothwendigen Ursachen dieser Blutbewegung aufgedeckt. so dass sie seitdem ganz deutlich, ordentlich und durchaus wahr erscheint (ut distincta valde, ordinata et verissima appareat). Denn, sagt Harvey an einer anderen Stelle dieses berühmten Briefes: Die ewig unbesiegbare Wahrheit lehrt den Schüler immerdar, den Lehrer noch zu übertreffen (Opp. 1776 p. 613).

Harvey war und blieb Schüler des Aristoteles und Galen, des Erasistratus und Avicenna, des Vesal und Servet, des Colombo und Caesalpin, des Paolo Sarpi und des Fabricius von Aquapendente. Aber die Wahrheit nahm ihn an die Hand und übte sein Auge durch Sektionen und Vivisektionen, und seinen Geist durch Nachdenken in dem Auffinden der letzten Gründe. Und so ist es geschehen, dass der Büchergelehrte von Folkstone, Dank seinen Experimenten, alle seine Lehrmeister weit übertroffen hat. Dass er im stolzen Jubel über das erreichte grosse Ziel eine Zeit lang die Lehrer, die ihn führten, verleugnet hat, das war seine Schwachheit und sein Charakterfehler. Die Schwachheit seiner Biographen aber ist es, wenn sie durch Nachschreiberei seinem Grundsatz untreu werden, dass man sich auch auf eigene Erfahrung stützen solle und nicht auf fremde.